エッセンシャル

連結会計

【第2版】

山地範明 著

Yamaji Noriaki

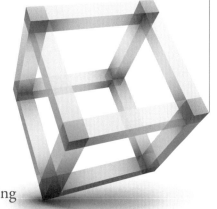

Consolidation Accounting

中央経済社

第2版　はじめに

　わが国において証券取引法（現，金融商品取引法）上，連結財務諸表が制度化されて，ちょうど40年が経過した。当初は個別財務諸表に対する補足情報として開示されていたが，1999年4月1日以降，連結財務諸表が主要財務諸表となり現在に至っている。

　その間，会計基準のコンバージェンスが進展し，わが国における会計基準は国際的にも遜色がないものとなっている。ただし，基本的な考え方の違いから，わが国の会計基準と国際的な会計基準にはいくつかの相違がある。わが国における連結会計基準の特徴を理解するには，国際的な会計基準との相違の背後にある基本的な考え方の違いを十分に理解しておく必要がある。

　本書は，連結財務諸表を作成するにあたり必要となる基礎的な知識をできるだけわかりやすく解説している。とりわけ，わが国における連結会計基準の基本的な考え方については，コラムを設けて詳しく解説している。また，復習のため各章ごとに章末問題（Training）を設けている。

　第2版では，初版刊行後に改訂された会計基準等を反映して初版の内容を改訂するとともに，初版の不備を補正した。本書は，連結会計の入門から公認会計士試験レベルまでの幅広い範囲を扱っており，大学およびアカウンティング・スクールにおける連結会計の基本テキストとして使用されることを願っている。

　本書の出版にあたって，これまでご指導を賜った関西学院大学の先生方ならびに名誉教授の先生方に対して深く感謝申し上げる。

　最後に，本書の出版を快諾してくださり，アドバイスやさまざまな便宜をはかっていただいた中央経済社の取締役専務 小坂井和重氏および編集長 田邉一正氏に心から御礼を申し上げる次第である。

2021年1月

山地　範明

II

≪学習のヒント≫ ───────────────────────

❶ 本書は，大学の学部，アカウンティングスクールで学習するレベルの内容である。また，資格試験においても，公認会計士試験レベルまでマスターできたといえる（ただし，公認会計士試験に合格するには，多くの問題演習を行う必要がある）。

❷ 連結会計は，テクニカルな印象があるが，単に仕訳等を暗記するだけでは，真の知識は身につかないと考える。そこで，本書は全体構造や，仕訳の基礎にある考え方を図解・例題を交えてくわしく解説している。

❸ まず，「第1章 連結財務諸表の基礎」で基本となる考え方を，十分に理解した上で，第2章以降の学習をすすめよう。とりわけ，図表1−1の経済的単一体説と親会社説に基づく会計処理について理解しておく必要がある。

❹ 図表2−1，図表5−1，第9章1・2などの全体構造を意識しながら，各章を読み進めると効果的である。

❺ 各章は，基本的な考え方の解説→例題→章末問題（Training）で構成されている。例題の多くは計算問題だが，必ず基礎にある考え方を理解した上で解答しよう。

❻ 各章末にはTrainingを掲載している。Trainingは該当章の理解度を確認できる択一式問題，計算問題，論述問題で構成されている。解答は巻末に収録しているが，より詳細な解説を中央経済社ホームページの本書掲載欄にて掲載している。あわせて，ご活用いただきたい。

❼ また，Trainingの解答用紙も中央経済社ホームページの本書掲載欄にてPDFファイルを添付している。特に計算問題は，繰り返し解答することが理解を深めるカギとなる。こちらもぜひご活用いただきたい。

目　次

第1章　連結財務諸表の基礎 ——————————— 1

1　連結財務諸表の意義 ……………………………………… 1

2　連結財務諸表制度 ………………………………………… 2

3　連結財務諸表作成における一般原則 …………………… 3

　⑴　真実性の原則・3

　⑵　基準性の原則・3

　⑶　明瞭性の原則・3

　⑷　継続性の原則・4

4　連結財務諸表の一般基準 ………………………………… 4

　⑴　連結の範囲・4

　⑵　連結決算日・8

　⑶　親会社および子会社の会計方針・8

5　連結基礎概念と会計処理 ………………………………… 10

　⑴　経済的単一体説・10

　⑵　親会社説・10

Training …………………………………………………… 12

第2章　連結貸借対照表 ———————————— 15

1　連結貸借対照表の意義 …………………………………… 15

2　投資と資本の相殺消去 …………………………………… 15

　⑴　のれん・17

　⑵　非支配株主持分・18

　⑶　支配獲得日後に生じた利益剰余金の処理・19

3　子会社の資産および負債の時価評価 ……………………………… 20

4　子会社が親会社株式を保有している場合の処理 ……………… 21

5　債権と債務の相殺消去 ………………………………………………… 24

Training …………………………………………………………………… 25

第3章　**投資と資本の相殺消去** ——————————— 29

1　開始仕訳 ………………………………………………………………… 29

2　段階取得による資本連結 …………………………………………… 32

3　子会社の債務超過額の負担 ………………………………………… 35

Training …………………………………………………………………… 37

第4章　**支配獲得後の追加取得と一部売却** ——————— 39

1　子会社株式の追加取得 ……………………………………………… 39

2　子会社株式の一部売却 ……………………………………………… 41

3　子会社の時価発行増資等に伴い親会社の持分が増減した場合

の処理 ……………………………………………………………………… 44

4　子会社が保有する自己株式の取扱い ……………………………… 48

Training …………………………………………………………………… 50

第5章　**連結損益計算書** ——————————————— 53

1　連結損益計算書の意義 ……………………………………………… 53

2　連結会社相互間の取引高の相殺消去 ……………………………… 53

3　未実現損益の消去 …………………………………………………… 54

⑴　棚卸資産に含まれる未実現損益の消去・54

⑵　固定資産に含まれる未実現損益の消去・56

Training …………………………………………………………………… 58

第6章　連結会計上の税効果会計 ——————— 61

1　税効果会計の意義 ……………………………………… 61

2　税効果会計の方法 ……………………………………… 62

3　子会社の資産・負債の時価評価と税効果会計 …………… 63

4　未実現損益の消去に伴う税効果会計 ……………………… 65

(1)　ダウン・ストリームの場合・65

(2)　アップ・ストリームの場合・66

5　貸倒引当金の減額修正に伴う税効果会計 ………………… 68

(1)　ダウン・ストリームの場合・68

(2)　アップ・ストリームの場合・69

6　子会社に対する投資に係る税効果会計 …………………… 71

Training ………………………………………………… 72

第7章　連結株主資本等変動計算書 ——————— 75

1　連結株主資本等変動計算書の意義 ………………………… 75

2　剰余金の配当による修正 ………………………………… 77

3　包括利益の表示 ………………………………………… 81

Training ………………………………………………… 87

第8章　持分法 ——————— 91

1　持分法の意義 …………………………………………… 91

2　持分法の会計処理 ……………………………………… 93

3　投資差額（のれん）の償却 ……………………………… 94

4　被投資会社の当期純損益の計上 ………………………… 95

5　受取配当金の処理 ……………………………………… 96

6　未実現損益の消去 ……………………………………… 96

⑴　ダウン・ストリームの場合・96

⑵　アップ・ストリームの場合・97

7　持分法に係る税効果会計 ……………………………………… 99

⑴　ダウン・ストリームの場合・99

⑵　アップ・ストリームの場合・99

8　持分法から連結への移行に係る会計処理 ………………… 102

Training ……………………………………………………………… 105

第9章　連結財務諸表の作成 —————— 109

1　連結精算表 ……………………………………………………… 109

2　連結精算表の作成手順 ………………………………………… 110

3　連結財務諸表の作成 …………………………………………… 111

Training ……………………………………………………………… 120

第10章　連結キャッシュ・フロー計算書 —————— 127

1　連結キャッシュ・フロー計算書の意義 …………………… 127

2　資金の範囲 ……………………………………………………… 128

3　連結キャッシュ・フロー計算書の作成方法 …………… 129

⑴　表示区分・129

⑵　法人税および利息・配当金の取扱い・130

⑶　表示方法・130

4　連結キャッシュ・フロー計算書の作成基準 …………… 133

⑴　連結会社相互間のキャッシュ・フロー・133

⑵　連結キャッシュ・フロー計算書の作成方法・133

5　連結キャッシュ・フロー計算書固有の項目 …………… 134

⑴　連結範囲の変動に関連するキャッシュ・フロー・134

⑵　在外子会社のキャッシュ・フロー・134

⑶　持分法による投資損益・135

⑷　持分法適用会社からの配当金・135

⑸　連結会社振出しの受取手形の割引・135

⑹　非支配株主との取引等・135

Training ……………………………………………………………… 143

第11章　在外子会社等の財務諸表の換算 ── 147

1　外貨換算の意義 ……………………………………………… 147

2　在外子会社等の財務諸表項目の換算 ………………………… 148

3　外貨表示財務諸表の換算方法 ……………………………… 148

⑴　貸借対照表項目の換算・148

⑵　損益計算書項目の換算・149

⑶　在外子会社等の外貨表示財務諸表の換算手順・149

Training ……………………………………………………………… 158

第12章　企業結合・事業分離会計 ── 161

1　企業結合の意義 ……………………………………………… 161

2　企業結合の処理 ……………………………………………… 161

⑴　合併・161

⑵　企業結合の会計処理の考え方・162

⑶　のれんの会計処理・163

3　取得の会計処理 ……………………………………………… 165

⑴　取得企業の決定方法・165

⑵　取得原価の算定・165

⑶　取得原価の配分方法・166

4　株式交換および株式移転の会計処理 ………………………… 166

⑴　株式交換・166

⑵　株式移転・168

　5　共同支配企業の形成と共通支配下の取引の会計処理 ………… 171

　　⑴　共同支配企業の形成・171

　　⑵　共通支配下の取引等・173

　6　事業分離等の会計処理 ……………………………………… 174

　　⑴　事業分離の意義・175

　　⑵　事業分離等の会計処理方法・175

　　Training ……………………………………………………… 179

Column

1　持株基準と支配力基準（第1章）・6

2　買入れのれん方式と全部のれん方式（第2章）・17

3　支配獲得後の持分の変動（第4章）・43

4　アップ・ストリーム取引における未実現損益の消去方法（第5章）・56

5　連結株主資本等変動計算書（第7章）・76

6　その他の包括利益の当期純利益へのリサイクリング（第7章）・83

7　連結と持分法（第8章）・93

8　親会社持分と非支配株主持分（第9章）・110

9　為替換算調整勘定（第11章）・149

10　のれんの非償却（第12章）・164

Training　解答 ………………………………………………… 183

索　引 ………………………………………………………… 193

◆略語一覧

法令・基準等	略　語
会社法	会
連結財務諸表規則	連結財規
外貨建取引等会計処理基準	外貨会計基準
税効果会計に係る会計基準	税効果会計基準
連結財務諸表制度の見直しに関する意見書	連結意見書
連結キャッシュ・フロー計算書等の作成基準	連結CFS作成基準
自己株式及び準備金の額の減少等に関する会計基準	自己株式等会計基準
株主資本等変動計算書に関する会計基準	株主資本等変動計算書会計基準
事業分離等に関する会計基準	事業分離等会計基準
持分法に関する会計基準	持分法会計基準
企業結合に関する会計基準	企業結合会計基準
連結財務諸表に関する会計基準	連結会計基準
包括利益の表示に関する会計基準	包括利益会計基準
自己株式及び準備金の額の減少等に関する会計基準の適用指針	自己株式等適用指針
企業結合会計基準及び事業分離等会計基準に関する適用指針	企業結合事業分離適用指針
税効果会計に係る会計基準の適用指針	税効果適用指針
外貨建取引等の会計処理に関する実務指針	外貨換算実務指針
連結財務諸表における資本連結手続に関する実務指針	資本連結実務指針
連結財務諸表等におけるキャッシュ・フロー計算書の作成に関する実務指針	連結CFS実務指針
持分法会計に関する実務指針	持分法実務指針
企業会計基準審議会	ASBJ
国際会計基準審議会	IASB
国際財務報告基準	IFRS

連結財務諸表の基礎

1　連結財務諸表の意義

　経営活動の多角化および国際化の進展により，企業を取り巻く環境は著しく変化している。これに伴って，企業集団を構成する個々の企業の個別財務諸表だけでは，企業集団全体の経営成績，財政状態およびキャッシュ・フローの状況を適正に表示することはできなくなり，連結財務諸表の重要性が高まっている。

　連結財務諸表（Consolidated Financial Statements）は，支配従属関係にある2つ以上の会社からなる企業集団を単一の組織体とみなして，親会社が当該企業集団の財政状態，経営成績およびキャッシュ・フローの状況を総合的に報告するために作成するものである。すなわち，連結財務諸表は，親会社および子会社の個別財務諸表を単純に合算したものから，これらの会社間の投資，債権債務，取引などから生じた資産，負債，資本，損益などを相殺消去することによって作成される。

　近年，資本市場の国際化に伴い，会計基準の国際的統合を図る必要が生じている。これについては，国際会計基準審議会（IASB）を中心に，各国企業の財務諸表の比較可能性を高めるための努力がなされている。わが国では，国際的な会計基準（IFRSまたは米国会計基準）は，連結財務諸表のみ適用が認められている。

2　連結財務諸表制度

　わが国では，1964年から1965年にかけていくつかの企業の粉飾決算が明るみ
に出て，連結財務諸表制度の必要性が認識されるようになった。すなわち，こ
うした企業においては，子会社などを利用して粉飾決算が行われていたため，
子会社を含めた連結財務諸表を制度化し，かつ子会社に対する監査制度を充実
強化する必要性が唱えられていた。

　こうした背景において，企業会計審議会は1975年6月24日に「連結財務諸表
の制度化に関する意見書」および「連結財務諸表原則」を公表した。これに
よって，1977年4月1日以降の事業年度から連結財務諸表が証券取引法に基づ
く有価証券報告書および同届出書の添付書類として作成されることになり，こ
れについては公認会計士または監査法人による監査証明が義務づけられること
になった。

　会計基準の国際的調和・統合という状況を鑑みて，企業会計審議会は1997年
6月6日に「連結財務諸表制度の見直しに関する意見書」（以下，連結意見書と
いう）を公表した。連結意見書の第一部では，従来の個別情報を中心とした
ディスクロージャーから，連結情報を中心とするディスクロージャーへ転換を
図ることとし，連結ベースでのディスクロージャーの充実が求められた。また，
連結意見書の第二部では，議決権の過半数所有に基づく**持株基準**ではなく，実
質的な支配関係に基づく**支配力基準**を導入して連結の範囲を拡大するとともに，
親会社説による連結財務諸表の作成手続をとることとされ，連結財務諸表原則
が改訂された。この新しい連結財務諸表原則は1998年4月1日以降開始する事
業年度から一部実施，1999年4月1日以降開始する事業年度から本格的に実施
された。

　さらに，2002年の商法改正により，商法上も大会社（有価証券報告書を提出
する会社に限られる）については2004年4月1日以降開始する事業年度から**連
結計算書類**の作成が義務づけられた。

　なお，わが国に連結財務諸表制度が導入された1977年4月1日以前から
ADR（米国預託証券）や転換社債などを米国で発行してきた日本企業について，
特例により米国会計基準により連結財務諸表を作成することが認められていた
が，2002年3月26日付の内閣府令によってこれが正式に認められるようになっ
た。すなわち，連結財務諸表規則第93条の規定により，金融庁長官が公益また

は投資者保護に欠けることがないものとして認める場合には，米国の証券当局に提出している米国基準連結財務諸表によって代替できるようになった。また，2009年12月11日に連結財務諸表規則等に関する内閣府令が改正され，2010年3月31日以降終了する事業年度から一定の要件を満たす上場企業は指定国際会計基準による連結財務諸表の適用が可能になった（連結財規1条の2，93条）。

3　連結財務諸表作成における一般原則

連結会計基準には，連結財務諸表作成における一般原則として，真実性の原則，基準性の原則，明瞭性の原則，および継続性の原則の4つの原則がある。

(1)　真実性の原則

連結財務諸表は，企業集団の財政状態，経営成績およびキャッシュ・フローの状況に関して真実な報告を提供するものでなければならない（連結会計基準9項）。この真実性の原則は，企業会計原則における真実性の原則と同様の趣旨のことを要請しており，この真実性の原則には重要性の原則が適用される。

(2)　基準性の原則

連結財務諸表は，企業集団に属する親会社および子会社が一般に公正妥当と認められる企業会計の基準に準拠して作成した個別財務諸表を基礎として作成されなければならない（連結会計基準10項）。この基準性の原則は，連結財務諸表は，個別財務諸表に基づいて作成され，その個別財務諸表は，一般に公正妥当と認められる企業会計の基準に準拠して作成することを要請している。

(3)　明瞭性の原則

連結財務諸表は，企業集団の状況に関する判断を誤らせないよう，利害関係者に対し必要な財務情報を明瞭に表示するものでなければならない（連結会計基準11項）。この明瞭性の原則は，企業会計原則の明瞭性の原則と同様の趣旨のものを要請しているが，連結財務諸表に関する重要性の原則が適用され，利害関係者の判断を誤らせない限り，簡便な方法による会計処理が容認されている（連結会計基準注1）。

(4) 継続性の原則

　連結財務諸表作成のために採用した基準および手続は，毎期継続して適用し，みだりにこれを変更してはならない（連結会計基準12項）。この継続性の原則も，企業会計原則の継続性の原則と同じ趣旨のことを要請しているが，ここでの基準および手続には，連結財務諸表に含める子会社の範囲や連結財務諸表を作成するための基準が含まれており，企業会計原則の継続性の原則よりもその範囲が広くなっている。

4　連結財務諸表の一般基準

(1) 連結の範囲

　親会社は，原則としてすべての子会社を連結の範囲に含める（連結会計基準13項）。「親会社」とは，他の企業の財務および営業または事業の方針を決定する機関（意思決定機関）を支配している企業（会社および会社に準ずる事業体であり，会社，組合その他これらに準ずる事業体）をいい，「子会社」とは，当該他の企業をいう。親会社および子会社または子会社が，他の企業の意思決定機関を支配している場合における当該他の企業も，その親会社の子会社とみなす（連結会計基準5，6項）。

　「他の企業の意思決定機関を支配している企業」とは，次の企業をいう。ただし，財務上または営業上もしくは事業上の関係からみて他の企業の意思決定機関を支配していないことが明らかであると認められる企業は，この限りでない（連結会計基準7項）。

---

　① 他の企業の議決権の過半数を自己の計算において所有している企業
　② 他の企業の議決権の40％以上，50％以下を自己の計算において所有している企業であって，かつ，次のいずれかの要件に該当する企業
　　(a) 自己の計算において所有している議決権と，自己と出資，人事，資金，技術，取引等において緊密な関係があることにより自己の意思と同一の内容の議決権を行使すると認められる者（緊密な者）および自己の意思と同一の内容の議決権を行使することに同意している者（同意している者）が所有している議決権とを合わせて，他の企業の議決権の過半数を占めてい

ること

⑵　役員もしくは使用人である者，またはこれらであった者で自己が他の企業の財務および営業または事業の方針の決定に関して影響を与えることができる者が，当該他の企業の取締役会その他これに準ずる機関の構成員の過半数を占めていること

⑶　他の企業の重要な財務および営業または事業の方針の決定を支配する契約等が存在すること

⑷　他の企業の資金調達額（貸借対照表の負債の部に計上されているもの）の総額の過半について融資（債務の保証および担保の提供を含む。以下同じ）を行っていること（緊密な者が行う融資の額を合わせて資金調達額の総額の過半となる場合を含む）

⑸　その他他の企業の意思決定機関を支配していることが推測される事実が存在すること

③　自己の計算において所有している議決権（当該議決権を所有していない場合を含む）と，「緊密な者」および「同意している者」が所有している議決権とを合わせて，他の企業の議決権の過半数を占めている企業であって，かつ，上記②の（b）から（e）までのいずれかの要件に該当する企業

　連結の範囲に含める子会社を決定する基準には，持株基準と支配力基準がある。**持株基準**は，議決権の過半数を所有しているか否かで連結の範囲に含める子会社を決定する基準である。一方，**支配力基準**は，議決権だけではなく，実質的な支配関係を有しているか否かで連結の範囲に含める子会社を決定する基準である。上記のように，連結会計基準では，連結の範囲は支配力基準により決定され，原則としてすべての子会社は連結の範囲に含めなければならないが，子会社のうち次に該当するものは，連結の範囲には含めない（連結会計基準14項）。

①　支配が一時的であると認められる企業

②　前記以外の企業であって，連結することにより利害関係者の判断を著しく誤らせるおそれのある企業

　更生会社，破産会社その他これらに準ずる企業であって，かつ，有効な支配

従属関係が存在しないと認められる企業は，子会社に該当しない。ただし，清算株式会社のように，継続企業と認められない企業であっても，その意思決定機関を支配していると認められる場合には，子会社に該当し，原則として連結範囲に含められる（企業会計基準適用指針第22号「連結財務諸表における子会社及び関連会社の範囲の決定に関する適用指針」20項）。

Column 1　持株基準と支配力基準

　　持株基準は議決権の過半数所有という形式基準であり，客観的な基準であるが，意図的に持株割合を引き下げて連結から除外することができる。たとえば，連結したくない子会社（業績の悪い子会社など）があれば議決権の所有割合を引き下げて連結から除外することができる。

　　一方，支配力基準は，議決権の過半数を所有している場合だけはなく，取締役の過半数を派遣している場合，重要な財務および営業の方針決定を支配する契約等が存在する場合，資金調達額の総額の過半について融資を行っている場合など，実質的な支配従属関係の有無に基づいて子会社を決定する。

　　支配力基準は，意図的な「連結はずし」ができないという点において持株基準よりも優れているため，支配力基準により連結の範囲が決定される。

　特別目的会社（資産の流動化に関する法律に規定する特別目的会社および事業内容の変更が制限されているこれと同様の事業を営む事業体）については，適正な価額で譲り受けた資産から生ずる収益を当該特別目的会社が発行する証券の所有者に享受させることを目的として設立されており，当該特別目的会社の事業がその目的に従って適切に遂行されているときは，当該特別目的会社に資産を譲渡した企業から独立しているものと認め，当該特別目的会社に資産を譲渡した企業の子会社に該当しないものと推定する。ただし，子会社に該当しないものと推定された特別目的会社（開示対象特別目的会社）については，その概要や取引金額等を開示しなければならない（企業会計基準適用指針第15号「一定の特別目的会社に係る開示に関する適用指針」）。

　また，子会社であって，その資産，売上高等を考慮して，連結の範囲から除いても企業集団の財政状態，経営成績およびキャッシュ・フローの状況に関する合理的な判断を妨げない程度に重要性の乏しいものは，連結の範囲に含めないことができる（連結会計基準注3）。

　監査・保証実務委員会報告第52号「連結の範囲及び持分法の適用に関する重

要性の原則の適用等に係る監査上の取扱い」によれば，連結の範囲から除外できる重要性の乏しい子会社の判断基準として，①資産基準，②売上高基準，③利益基準，④利益剰余金基準がある（4項）。また，連結の範囲は全部の子会社を連結するのが原則であって，量的な重要性が乏しいという判断だけで連結の範囲から除外することができない子会社も存在する可能性がある。したがって，連結の範囲に関する重要性は，企業集団の財政状態および経営成績を適正に表示する観点から量的側面と質的側面の両面で並行的に判断されるべきである（3項）。

例題 1 − 1　次の議決権所有関係にあるA〜H社のうち，P社が連結の範囲に含めなければならない子会社を選びなさい。ただし，P社の取締役がF社の取締役会の構成員の過半数を占めており，P社による融資額とG社による融資額を合わせるとH社の資金調達額の総額の70％になる。

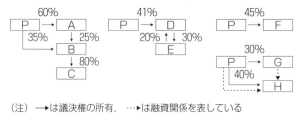

（注）──▶は議決権の所有，┈┈▶は融資関係を表している

《解答》

P社が連結の範囲に含めなければならない子会社は，A社，B社，C社，D社，F社，H社である。

《解説》

A社：P社が議決権の過半数を所有している。

B社：P社が子会社であるA社と合わせて議決権の過半数を所有している。

C社：子会社の子会社（孫会社）も連結の範囲に含める。

D社：D社はE社の議決権の4分の1以上を所有しており，E社はD社への議決権を行使できない（相互保有株式）。議決権の所有割合は，次の式で計算する。相互保有株式は議決権がないので，P社は議決権の過半数を所有している（41％÷（100％−20％）＞50％）。

$$\text{議決権の}\atop\text{所有割合} = \frac{\text{実質的所有議決権数} + \text{緊密な者・同意している者の所有議決権数}}{\text{行使しうる議決権総数（相互保有株式，自己株式は除く）}}$$

F社：P社が45％の議決権を所有し，F社の取締役会の構成員の過半数を占めている。

H社：P社が40％の議決権を所有しており，P社による融資額とG社による融資額を合わせるとH社の資金調達額の総額の70％になる。なお，緊密な者には，自己が議決権の20％以上を所有している企業などが含まれる（企業会計基準適用指針第22号「連結財務諸表における子会社及び関連会社の範囲の決定に関する適用指針」9項）。

(2) 連結決算日

連結財務諸表の作成に関する期間は1年とし，親会社の会計期間に基づき，年1回一定の日をもって**連結決算日**とする（連結会計基準15項）。子会社の決算日が連結決算日と異なる場合には，子会社は，連結決算日に正規の決算に準ずる合理的な手続により決算を行う（連結会計基準16項）。子会社の決算日と連結決算日の差異が3か月を超えない場合には，子会社の正規の決算を基礎として連結決算を行うことができる。ただし，この場合には，子会社の決算日と連結決算日が異なることから生じる連結会社間の取引に係る会計記録の重要な不一致について，必要な整理を行うものとする（連結会計基準注4）。

(3) 親会社および子会社の会計方針

同一環境下で行われた同一の性質の取引等について，親会社および子会社が採用する会計方針は，原則として統一する（連結会計基準17項）。

会計処理の統一にあたっては，より合理的な会計方針を選択すべきであり，子会社の会計処理を親会社の会計処理に合わせる場合のほか，親会社の会計処理を子会社の会計処理に合わせる場合も考えられる。なお，実務上の事情を考慮して，財政状態，経営成績およびキャッシュ・フローの状況の表示に重要な影響がないと考えられるもの（たとえば，棚卸資産の評価方法である先入先出法，平均法等）については，あえて統一を求めるものではない（連結会計基準58項）。

在外子会社の会計処理についても，本来，企業集団として統一されるべきものであるが，在外子会社の財務諸表がIFRSまたは米国会計基準に準拠して作成されている場合，および国内子会社が指定国際会計基準または修正国際基準に準拠した連結財務諸表を作成して金融商品取引法に基づく有価証券報告書に

より開示している場合には，当面の間，統一する必要はない。ただし，実務対応報告第18号「連結財務諸表作成における在外子会社等の会計処理に関する当面の取扱い」によれば，①のれんの償却，②退職給付会計における数理計算上の差異の費用処理，③研究開発費の支出時費用処理，④投資不動産の時価評価および固定資産の再評価，⑤資本性金融商品の公正価値の事後的な変動をその他の包括利益に表示する選択をしている場合の組替調整については，当該修正額に重要性が乏しい場合を除き，連結上の当期純損益に重要な影響を与える場合には，当期純利益が適切に計上されるよう当該在外子会社等の会計処理を修正しなければならない。

　また，実務対応報告第18号によれば，上記の５項目は，IFRSまたは米国会計基準に準拠した会計処理が，わが国の会計基準に共通する考え方（当期純利益を測定する上での費用配分，当期純利益と株主資本との連繋および投資の性格に応じた資産および負債の評価など）と乖離するものであり，一般に当該差異に重要性があるため，修正なしに連結財務諸表に反映することは合理的でなく，その修正に実務上の支障は少ないと考えられる。さらに，連結上の当期純損益に重要な影響を与える場合としたのは，財務報告において提供される情報の中で，特に重要なのは投資の成果を示す利益情報と考えられる。

例題１－２　実務対応報告第18号「連結財務諸表作成における在外子会社等の会計処理に関する当面の取扱い」では，在外子会社等の財務諸表がIFRSまたは米国会計基準に準拠した場合，連結決算上，それを利用することができるものの，①のれんの償却，②退職給付会計における数理計算上の差異の費用処理，③研究開発費の支出時費用処理，④投資不動産の時価評価および固定資産の再評価，⑤資本性金融商品の公正価値の事後的な変動をその他の包括利益に表示する選択をしている場合の組替調整については，重要性が乏しい場合を除き，連結上の当期純損益に重要な影響を与える場合には，会計処理を修正する必要がある。この修正が要請される理由として正しくないものを選びなさい。

　ア．これらの項目は，IFRSまたは米国会計基準に準拠した会計処理が，わが国の会計基準に共通する考え方と乖離するものであり，一般に当該差異に重要性があるから。

　イ．これらの項目を修正なしに連結財務諸表に反映することは合理的でなく，その修正に実務上の支障は少ないと考えられるから。

　ウ．財務報告において提供される情報の中で，特に重要なのは投資の成果を

　　　示す利益情報と考えられるため，連結上の当期純損益に重要な影響を与え
　　　る場合には，修正が必要であるから。
　エ．在外子会社の財務諸表が，所在地国において公正妥当と認められた会計
　　　基準に準拠して作成されているという実務上の実行可能性等を考慮する必
　　　要があるから。

《解答》　エ

5　連結基礎概念と会計処理

　連結基礎概念とは，誰のために連結財務諸表を作成するべきかという問題を
考えるにあたっての基礎的な考え方である。主要な連結基礎概念には**経済的単
一体説**（economic unit concept）と**親会社説**（parent company concept）がある。
どちらの連結基礎概念に立脚するかにより，会計処理に差異が生じる（図表1
－1参照）。

(1)　経済的単一体説

　経済的単一体説は，連結財務諸表は親会社株主のみならず企業集団を構成す
る親会社および子会社のすべての株主のために作成されるべきであるという考
え方である。連結財務諸表は，企業集団の財務諸表であり，親会社株主と非支
配株主は区別されず，親会社株主と非支配株主はともに企業集団の株主とみな
される。IFRS第10号では，経済的単一体説に基づく会計処理が採用されている。

(2)　親会社説

　親会社説は，連結財務諸表は親会社株主のために作成されるべきであるとい
う考え方である。連結財務諸表は，親会社の個別財務諸表を延長したものであ
り，親会社株主の立場が重視され，非支配株主は外部者とみなされる。わが国
では，連結財務諸表が提供する情報は主として親会社の投資者を対象とするも
のであると考えられるとともに，親会社説による処理方法が企業集団の経営を
めぐる現実感覚をより適切に反映すると考えられているので，連結会計基準で
は，基本的には親会社説による考え方を踏襲した取扱いが定められている（連
結会計基準51項）。ただし，図表1－1に示すように実際には親会社説と経済的

単一体説に基づく会計処理が混在している（図表 1 - 1 において，わが国の現行の会計処理については太字にしている）。

図表 1 - 1　経済的単一体説と親会社説に基づく会計処理

	経済的単一体説	親会社説
連結の範囲	支配力基準	持株基準（過半数）
非支配株主持分の表示	株主持分（資本）	**負債と株主持分（資本）の中間項目**[*1]
非支配株主に帰属する利益の表示	利益の内訳項目	利益の控除項目
未実現損益の消去	ダウン・ストリーム： **全額消去・親会社負担方式** アップ・ストリーム： **全額消去・持分按分負担方式**	部分消去・親会社負担方式[*2]
子会社の資産・負債の評価	全面時価評価法	部分時価評価法
のれんの測定	全部のれん方式[*3]	**買入れのれん方式**
支配獲得後の持分の変動（支配が継続する場合）	資本取引とみなされ，損益は認識されない。	損益取引とみなされ，損益は認識される。

*1　負債とする説もある。
*2　ダウン・ストリームの場合，全額消去・親会社負担方式とする説もある。
*3　買入れのれん方式を含める説もある。

例題 1 - 3　連結会計に関する次の文章の空欄（ア）～（オ）内に適当な語句を入れなさい。

1．連結財務諸表の作成については，親会社説と（ア）説の 2 つの考え方がある。いずれの考え方においても，単一の指揮下にある企業集団全体の資産・負債と収益・費用を連結財務諸表に表示するという点では変わりはないが，資本に関しては，親会社説は，連結財務諸表を（イ）の財務諸表の延長線上に位置づけて，（イ）の株主の持分のみを反映させる考え方であるのに対して，（ア）説は，連結財務諸表を親会社とは区別される企業集団全体の財務諸表と位置づけて，企業集団を構成するすべての連結会社の株主の持分を反映させる考え方であるという点で異なっている（連結会計基準51項）。

2．経済的単一体説において，連結損益計算書における当期純利益には（ウ）株主に帰属する当期純利益も含められるが，親会社説では，親会社株主に帰属する当期純利益のみである。

3．部分時価評価法は，親会社説による考え方と整合的であり，（エ）時価評

価法は，経済的単一体説と整合的である。
4．経済的単一体説において，支配が喪失される結果とならない，支配獲得後の子会社に対する親会社の所有持分の変動は，（オ）取引とされる。

《解答》
ア．経済的単一体　　イ．親会社　　ウ．非支配　　エ．全面　　オ．資本

◆　Training　◆

【問題１－１】　連結会計に関する次のア～オの記述のうち，誤っているものが２つある。その記号の組合わせを１つ選びなさい。

ア．親会社および子会社の財務諸表が，減価償却の過不足，資産または負債の過大または過少計上等により当該会社の財政状態および経営成績を適正に示していない場合には，連結財務諸表の作成上これを適正に修正して連結決算を行わなければならない。ただし，連結財務諸表に重要な影響を与えないと認められる場合には，修正しないことができる。

イ．一定の要件を満たした特別目的会社については，当該特別目的会社に対する出資者および当該特別目的会社に資産を譲渡した会社の子会社に該当しないものと推定される。

ウ．清算株式会社のように，継続企業と認められない企業は，その意思決定機関を支配している場合であっても子会社に該当しないので，原則として連結範囲には含められない。

エ．親子会社間の会計処理の統一にあたっては，棚卸資産の評価方法である先入先出法，平均法等についても必ず統一しなければならない。

オ．経済的単一体説では，非支配株主持分は資本（株主持分）とみなされるが，親会社説では，親会社株主に帰属する持分のみを資本（株主持分）と考えるので，非支配株主持分は資本（株主持分）とみなされない。

1．アイ　　2．アオ　　3．イウ　　4．ウエ　　5．エオ

(☞解答はp.183)

【問題１－２】　以下のア～オのケースにおいて，P社が連結しなければならない子会社の数は合計でいくつになるか，１つ選びなさい。

子 会 社：A社～L社はいずれも重要な継続企業である。
　　　　　　J組合は営利を目的とした重要な事業体である。
　──────：資本所有関係（一時所有ではない）を表している。
　┄┄┄┄┄：融資関係を表している。
　％は議決権のある持分比率を表している。

ア.

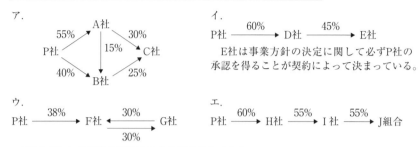

イ.
```
        60%          45%
P社 ──────→ D社 ──────→ E社
```
　E社は事業方針の決定に関して必ずP社の
承認を得ることが契約によって決まっている。

ウ.

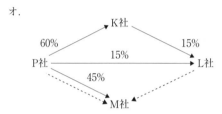

　F社とG社の資本所有関係は株式の相互持合である。

エ.
```
        60%          55%          55%
P社 ──────→ H社 ──────→ I社 ──────→ J組合
```

オ.
```
                  K社
          60%              15%
     P社        15%        L社
              45%
                  M社
```
　P社による融資額とL社による融資額とを
合計するとM社の資金調達総額の60％となる。

1．9　　2．10　　3．11　　4．12　　5．13

（平成16年公認会計士第二次試験短答式問題の一部変更）

（☞解答はp.183）

【問題１－３】　当社（A社）とは持株関係がない会社（B社）の取締役会の構成員の過半数をA社の使用人が占めており，かつA社の意思と同一の内容の議決権を行使することに同意した者がB社の議決権の60％を所有するときは，B社はA社の子会社と判定される。この例をもとにして，連結子会社の範囲を決定する基準について述べなさい。

（平成13年公認会計士第二次試験論文式問題の一部変更）

（☞解答はp.183）

連結貸借対照表

1 連結貸借対照表の意義

　連結貸借対照表（Consolidated Balance Sheet）は，親会社および子会社から成る企業集団の**財政状態**を明らかにするものである。連結貸借対照表は，親会社および子会社の個別貸借対照表における資産，負債および純資産の金額を基礎とし，子会社の資産および負債の評価，連結会社相互間の投資と資本および債権と債務の相殺消去等の処理を行って作成する（連結会計基準18項）。

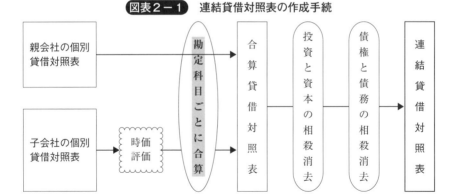

図表２－１ 連結貸借対照表の作成手続

2 投資と資本の相殺消去

　親会社の子会社に対する**投資**とこれに対応する**子会社の資本**（株主資本，評価・換算差額等および評価差額）は，相殺消去しなければならない。この手続を**資本連結**という。なお，親会社の子会社に対する投資の金額は，支配獲得日の

時価による（連結会計基準23項）。

　親会社の子会社に対する投資額は，親会社の個別貸借対照表では，「子会社株式」として表示される。子会社株式勘定は，子会社の資本に対する親会社の所有権（持分）を意味する。また，親会社の投資額は，子会社の個別貸借対照表では，資本として表示される。

　たとえば，P社がS社の株式100％を20,000千円で取得したとし，このときの両社の個別貸借対照表が，次のとおりであったとする。

P社貸借対照表

諸　資　産　100,000 （うちS社株式20,000）	諸　負　債　70,000
	資　本　金　20,000
	利益剰余金　10,000

S社貸借対照表

諸　資　産　50,000	諸　負　債　30,000
	資　本　金　15,000
	利益剰余金　5,000

　P社とS社の個別貸借対照表をそのまま単純合算すると，次のようになり，子会社の資本の全部を親会社が「S社株式」として所有しているため，連結貸借対照表の資産（S社株式）と資本とが二重計上されることになる。

連結B／S

諸　資　産　130,000	諸　負　債　100,000
	資　本　金　20,000
	利益剰余金　10,000
S社株式　20,000（二重計上）	資　本　金　15,000
	利益剰余金　5,000

　この二重計上を解消するため，親会社の子会社に対する投資とこれに対応する子会社の資本とは，連結上相殺消去しなければならない。したがって，次の相殺消去仕訳が必要になる。

（借）資　本　金　15,000　（貸）S　社　株　式　20,000
　　　利益剰余金　5,000

　この相殺消去は，原則として，親会社が子会社の株式を取得した日を基準として行う。しかし，子会社の財務諸表は決算日以外では作成されないため，株式取得日が子会社の決算日以外である場合には，当該取得日の前後いずれかの決算日に株式の取得が行われたものとみなして処理することができる（連結会

計基準注5）。

(1) のれん

親会社の子会社に対する投資とこれに対応する子会社の資本とを相殺消去するにあたり，親会社の投資と当該子会社の資本に占める親会社の持分額との間に差額が生じる場合がある。この差額が**投資消去差額**であり，当該差額は借方差額の場合は**のれん**，貸方差額の場合は**負ののれん**とする（連結会計基準24項）。

のれんは，資産に計上し，20年以内のその効果の及ぶ期間にわたって，定額法その他合理的な方法により規則的に償却する。ただし，のれんの金額に重要性が乏しい場合には，当該のれんが生じた事業年度の費用として処理することができる（企業結合会計基準32項）。なお，のれん償却額は，販売費及び一般管理費の区分に表示される。

Column 2　**買入れのれん方式と全部のれん方式**

のれんの計上方法には，**買入れのれん方式**（購入のれん方式ともよばれる。）と**全部のれん方式**がある。買入れのれん方式は，のれんの計上は有償取得に限るべきであり，親会社持分に見合うのれんのみを計上する方法である。全部のれん方式は，親会社持分のみならず非支配株主持分に見合うのれんも計上する方法である。推定計算などの方法によって非支配株主持分に見合うのれんを計上することに問題があるため，全部のれん方式はわが国では認められていない。さらに，1997年の連結財務諸表原則においても，のれん（または負ののれん）の計上は有償取得に限るべきであるという立場（購入のれん方式）から，全部のれん方式の考え方は採用されていない（企業結合会計基準98項）。

たとえば，P社がS社（資本金100,000千円，利益剰余金50,000千円）の株式100％を170,000千円で取得した場合に，投資と資本の相殺消去を行うと，次の仕訳のように20,000千円の借方差額が生じる。この借方差額は「のれん」として表示される。

（借）資 本 金 100,000　（貸）S 社 株 式 170,000
　　　利 益 剰 余 金 50,000
　　　の れ ん 20,000

のれんを20年間にわたり定額法により償却する場合には，次の仕訳を行う。

（借）の れ ん 償 却　1,000　（貸）の　　れ　　ん　　1,000

<table>
<tr><td>P社の投資</td><td colspan="2">S社の資本
親会社持分
100%</td></tr>
<tr><td rowspan="3">S社株式
170,000</td><td>20,000</td><td>の れ ん 20,000</td></tr>
<tr><td>100,000</td><td>資 本 金 100,000</td></tr>
<tr><td>50,000</td><td>利益剰余金 50,000</td></tr>
</table>

　また，P社がS社（資本金100,000千円，利益剰余金50,000千円）の株式100％を140,000千円で取得した場合に，投資と資本の相殺消去を行うと，10,000千円の貸方差額が生じる。この貸方差額は負ののれんとよばれ，負ののれんが生じると見込まれる場合には，次の処理を行う。ただし，負ののれんが生じると見込まれたときにおける取得原価が受け入れた資産および引き受けた負債に配分された純額を下回る額に重要性が乏しい場合には，次の処理を行わずに，当該下回る額を当期の利益として処理することができる（企業結合会計基準33項）。

① 　取得企業は，すべての識別可能資産および負債が把握されているか，また，それらに対する取得原価の配分が適切に行われているかどうかを見直す。

② 　①の見直しを行っても，なお取得原価が受け入れた資産および引き受けた負債に配分された純額を下回り，負ののれんが生じる場合には，当該負ののれんが生じた事業年度の利益（**負ののれん発生益**）として処理する。

（借）資　　　　本　　　　金 100,000　（貸）S　社　株　式 140,000
　　　利　益　剰　余　金　 50,000　　　　　負ののれん発生益　 10,000

(2)　非支配株主持分

　親会社が子会社株式を100％所有していない場合には，親会社以外の子会社株主（非支配株主）が存在する。**非支配株主持分**は，子会社の資本のうち親会社に帰属しない部分であり（連結会計基準26項），純資産の部に表示される。

　支配獲得日の子会社の資本は，親会社に帰属する部分と非支配株主に帰属する部分とに分け，前者は親会社の投資と相殺消去し，後者は非支配株主持分として処理する（連結会計基準注7）。

たとえば，P社がS社（資本金100,000千円，利益剰余金50,000千円）の株式の70％を119,000千円で取得した場合には，S社の資本（150,000千円）のうち，70％である105,000千円はS社株式と相殺消去され，30％である45,000千円は非支配株主持分として処理される。

（借）	資本金	100,000	（貸）	S社株式	119,000
	利益剰余金	50,000		非支配株主持分	45,000
	のれん	14,000			

P社の投資	S社の資本		
	親会社持分 70%	非支配株主持分 30%	
S社株式 119,000	14,000		のれん 14,000
	70,000	30,000	資本金 100,000
	35,000	15,000	利益剰余金 50,000

(3) 支配獲得日後に生じた利益剰余金の処理

支配獲得日後に生じた子会社の利益剰余金のうち，親会社に帰属する部分は連結上も利益剰余金となるが，非支配株主に帰属する部分は，連結上「非支配株主持分」として処理するので，その利益剰余金を非支配株主持分に振り替えなければならない。非支配株主に帰属する部分を非支配株主持分に帰属する当期純利益として処理することによって，連結上の利益剰余金を減少させることになる。なお，非支配株主に帰属する当期純利益は，当期純利益の内訳として表示される。

たとえば，当期首に株式の70％を取得したS社が，今期50,000円の当期純利益を計上して，利益剰余金が50,000円増加した場合（剰余金の配当を行わなかったものとする）には，利益剰余金の増加を非支配株主持分に振り替えるために，次の仕訳を行う。

| （借） | 非支配株主に帰属する当期純利益 | 15,000 | （貸） | 非支配株主持分 | 15,000 |

3 子会社の資産および負債の時価評価

　連結貸借対照表の作成にあたっては，支配獲得日において，子会社の資産および負債を時価評価しなければならない。この場合の時価評価の方法として，部分時価評価法と全面時価評価法が考えられる。**部分時価評価法**は，子会社の資産および負債のうち，親会社の持分に相当する部分については株式取得日ごとに時価により評価し，非支配株主持分については帳簿価額による方法である。また，**全面時価評価法**は，子会社の資産および負債のすべてを支配獲得日の時価により評価する方法である。

　部分時価評価法は，親会社が投資を行った際の親会社の持分を重視する考え方であり，全面時価評価法は，親会社が子会社を支配した結果，子会社が企業集団に含まれることになった事実を重視する考え方である（連結会計基準61項）。

　連結会計基準では，国際的な動向を考慮し，全面時価評価法による処理が行われる。子会社の資産および負債の時価による評価額と当該資産および負債の個別貸借対照表上の金額との差額（評価差額）は，子会社の資本とする。評価差額に重要性が乏しい子会社の資産および負債は，個別貸借対照表上の金額によることができる（連結会計基準20〜22項）。

例題2−1　×1年4月1日に，P社はS社の発行済株式の80％を300,000千円で取得した。P社の支配獲得時（×1年4月1日）におけるS社の貸借対照表は次のとおりであるとして，S社の資産および負債の時価評価にかかわる仕訳を示しなさい。

S社貸借対照表　　（単位：千円）

諸　資　産	1,000,000	諸　負　債	700,000
		資　本　金	200,000
		利益剰余金	100,000
	1,000,000		1,000,000

（注）諸資産の中に含まれる簿価300,000千円の土地の時価は350,000千円であった。

《解答》（単位：千円）

（借）土　　　　　地　50,000　（貸）評　価　差　額　50,000[*1]

*1　時価350,000−簿価300,000=50,000

> **例題２－２**　例題２－１において，投資と資本の相殺消去にかかわる仕訳を示しなさい。

《解答》（単位：千円）

（借）	資　本　金	200,000	（貸）	Ｓ　社　株　式	300,000
	利 益 剰 余 金	100,000		非支配株主持分	70,000
	評　価　差　額	50,000			
	の　れ　ん	20,000			

P社の投資　　　　　　　　　　　S社の資本

	親会社持分 80%	非支配株主持分 20%		
	20,000		の れ ん	20,000
S社株式 300,000	40,000	10,000	評 価 差 額	50,000
	160,000	40,000	資 本 金	200,000
	80,000	20,000	利益剰余金	100,000

4　子会社が親会社株式を保有している場合の処理

　連結子会社が保有する親会社株式（持分相当額）は，企業集団で考えた場合，親会社の保有する自己株式と同様の性格である（自己株式等会計基準55項）。したがって，連結財務諸表上では，親会社が保有している自己株式と合わせ，純資産の部の株主資本に対する控除項目として表示する。株主資本から控除する金額は，親会社株式の親会社持分相当額とし，非支配株主持分から控除する金額は非支配株主持分相当額とする（自己株式等会計基準15項）。

　また，連結子会社における親会社株式の売却損益（内部取引によるものを除いた親会社持分相当額）の会計処理は，親会社における自己株式処分差額の会計処理と同様とする。非支配株主持分相当額は非支配株主に帰属する当期純利益に加減する（自己株式等会計基準16項）。

例題2−3　P社（決算日は3月31日）は，×1年3月31日に，S社の株式80％を8,500千円で取得し，S社（決算日は3月31日）を連結子会社とした。次の［資料Ⅰ］～［資料Ⅲ］に基づいて，×2年3月31日における連結貸借対照表上の，のれん，非支配株主持分および自己株式の金額を求めなさい。

［資料Ⅰ］×1年3月31日におけるS社の貸借対照表は，次のとおりである。

S社貸借対照表　　（単位：千円）

諸　資　産	21,300	諸　負　債	12,400
		資　本　金	5,000
		資本剰余金	2,000
		利益剰余金	1,900
	21,300		21,300

　なお，諸資産の中に含まれる簿価4,300千円の土地の時価は5,800千円であった。その他の資産および負債については，簿価と時価との乖離は認められなかった。

［資料Ⅱ］×2年3月31日におけるP社およびS社の貸借対照表は，次のとおりである。

P社貸借対照表（単位：千円）

諸　資　産	78,100	諸　負　債	55,800
S　社株式	8,500	資　本　金	18,500
		資本剰余金	5,200
		利益剰余金	7,300
		自　己　株　式	△ 200
	86,600		86,600

S社貸借対照表　（単位：千円）

諸　資　産	24,800	諸　負　債	15,400
P　社株式	310	資　本　金	5,000
		資本剰余金	2,000
		利益剰余金	2,700
		その他有価証券評価差額金	10
	25,110		25,110

　なお，S社において，P社株式（取得原価300千円）は「その他有価証券」に分類されており，期末の時価は310千円であった。「その他有価証券」の評価損益の取扱いについてS社は，全部純資産直入法を採用しており，税効果会計は適用しないものとする。

［資料Ⅲ］連結貸借対照表作成に当たってのその他の留意事項
1．資本連結に際して，子会社の資産および負債の時価評価において評価差額が生じる場合も，税効果会計を適用しない。
2．のれんについては，当事業年度（×1年4月1日～×2年3月31日）から，10年にわたり毎期均等額ずつ償却する。

3．S社は，当事業年度を含め，これまで剰余金の配当を一切実施していない。

（平成17年公認会計士試験短答式問題の　部変更）

《解答》

のれん＝162千円，非支配株主持分＝2,180千円，自己株式＝△440千円

《解説》（単位：千円）

1．土地に係る評価差額の計上

（借）諸　資　産（土地）　1,500　（貸）評　価　差　額　1,500*1

　　＊1　時価5,800－簿価4,300＝1,500

2．投資と資本の相殺消去

（借）資　　　本　　　金　5,000　（貸）S　社　株　式　8,500
　　　資　本　剰　余　金　2,000　　　　非支配株主持分　2,080*2
　　　利　益　剰　余　金　1,900
　　　評　価　差　額　1,500
　　　の　　れ　　ん　　180

　　＊2　S社資本（5,000＋2,000＋1,900＋1,500）×20％＝2,080

3．のれんの償却

（借）の　れ　ん　償　却　18*3　（貸）の　　れ　　ん　　18

　　＊3　のれん180÷10年＝18

4．非支配株主に帰属する当期純利益の計上

（借）非支配株主に帰属　160*4　（貸）非支配株主持分　160
　　　する当期純利益

　　＊4　利益剰余金の増加額（2,700－1,900）×20％＝160
　　（注）剰余金の配当がない場合には，利益剰余金の増加額が当期純利益となる。

5．P社株式に関する連結修正仕訳

（借）その他有価証券評価差額金	10	（貸）P　社　株　式	10
（借）自　己　株　式	240*5	（貸）P　社　株　式	300
非 支 配 株 主 持 分	60*6		

*5　300×80％＝240
*6　300×20％＝ 60

5　債権と債務の相殺消去

　連結貸借対照表は，親会社と子会社を単一の組織体とみなして作成されるものであるから，**連結会社相互間の債権と債務とは，相殺消去する**（連結会計基準31項）。債権と債務の相殺消去の処理は，次のとおりである（連結会計基準注10）。

① 相殺消去の対象となる債権または債務には，前払費用，未収収益，前受収益および未払費用で連結会社相互間の取引に関するものを含むものとする。
② 連結会社が振出した手形を他の連結会社が銀行割引した場合には，連結貸借対照表上これを借入金に振り替える。
③ 引当金のうち，連結会社を対象として引き当てられたことが明らかなものは，これを調整する。
④ 連結会社が発行した社債で一時所有のものは，相殺消去の対象としないことができる。

例題2-6　次の取引について連結会社間の債権と債務の相殺消去仕訳を示しなさい。
1．親会社P社の期末売掛金残高のうち50,000円は，子会社S社に対するものである。
2．親会社P社の未収収益1,000円は，子会社S社に対する家賃の未収額である。
3．親会社P社が振出した手形10,000円を子会社S社が銀行割引した。
4．親会社P社の貸倒引当金は売掛金の期末残高2,000,000円の3％を設定したものである。この売掛金残高には子会社S社（P社がS社株式の70％を所有）

に対する売掛金200,000円が含まれている。

  5．子会社S社（P社がS社株式の70％を所有）の貸倒引当金は売掛金の期末残
    高2,000,000円の3％を設定したものである。この売掛金残高には親会社P社
    に対する売掛金200,000円が含まれている。

  6．子会社S社の貸借対照表上の投資有価証券勘定には，長期保有目的で当期
    末に取得した　親会社P社の社債（額面，帳簿価額ともに3,000,000円）が含
    まれている。

《解答》

1．（借）買　　掛　　金　　50,000　　（貸）売　　掛　　金　　50,000
2．（借）未　払　費　用　　1,000　　（貸）未　収　収　益　　1,000
3．（借）支　払　手　形　　10,000　　（貸）短　期　借　入　金　　10,000
4．（借）買　　掛　　金　　200,000　　（貸）売　　掛　　金　　200,000
　　（借）貸　倒　引　当　金　　6,000　　（貸）貸倒引当金繰入　　6,000
5．（借）買　　掛　　金　　200,000　　（貸）売　　掛　　金　　200,000
　　（借）貸　倒　引　当　金　　6,000　　（貸）貸倒引当金繰入　　6,000
　　（借）非支配株主に帰属　　1,800　　（貸）非支配株主持分　　1,800
　　　　する当期純利益
6．（借）社　　　　債　　3,000,000　　（貸）投　資　有　価　証　券　　3,000,000

◆　Training　◆

【問題2－1】　連結会計に関する次のア～オの記述のうち，誤っているものが2つ
ある。その記号の組合わせを1つ選びなさい。

　ア．資本連結の手続によって生じたのれんは，無形固定資産に計上され，20年以
　　内のその効果の及ぶ期間にわたって，定額法その他合理的な方法により規則的
　　に償却される。のれん償却額は，販売費及び一般管理費の区分に表示される。

　イ．負ののれんが生じると見込まれる場合には，直ちに当該負ののれんが生じた
　　事業年度の特別利益として処理される。

　ウ．部分時価評価法は，親会社が投資を行った際の親会社の持分を重視する考え
　　方であり，親会社説と整合的な会計処理である。

26

エ．非支配株主持分は，子会社の資本のうち親会社に帰属しない部分であり，連結貸借対照表において，純資産の部の末尾に表示される。

オ．連結子会社が保有する親会社株式は，企業集団で考えた場合，親会社の保有する自己株式とは異なった性格であるので，連結財務諸表上では親会社が保有する自己株式とは区分して表示される。

1．アウ　　2．アエ　　3．イウ　　4．イオ　　5．エオ

（☞解答はp.183）

【問題2-2】　P社は，×1年3月31日に，S社の株式60％を30,000千円で取得し，S社を連結子会社とした。次の［資料Ⅰ］～［資料Ⅲ］に基づいて，×2年3月31日における連結貸借対照表を作成しなさい。

［資料Ⅰ］　×1年3月31日におけるS社の貸借対照表は，次のとおりである。

S社貸借対照表　（単位：千円）

諸　資　産	100,000	諸　負　債	60,000
		資　本　金	25,000
		利益剰余金	15,000
	100,000		100,000

（注）諸資産の中に含まれる簿価25,000千円の土地の時価は30,000千円であった。

［資料Ⅱ］　×2年3月31日におけるP社およびS社の貸借対照表は，次のとおりである。

P社貸借対照表（単位：千円）

諸　資　産	400,000	諸　負　債	280,000
S 社株式	30,000	資　本　金	100,000
		利益剰余金	50,000
	430,000		430,000

S社貸借対照表（単位：千円）

諸　資　産	107,000	諸　負　債	65,000
		資　本　金	25,000
		利益剰余金	17,000
	107,000		107,000

［資料Ⅲ］　連結貸借対照表作成に当たっての留意事項
1．P社およびS社の会計期間は，いずれも3月31日を決算日とする1年である。
2．S社は，土地以外の資産および負債には，時価評価による重要な簿価修正額はない。
3．のれんは，発生した年度の翌年度から10年間にわたり定額法により償却する。
4．S社は，これまで剰余金の配当を行っていない。
5．税効果会計は考慮しない。

（解答欄）

連結貸借対照表　　　（単位：千円）

諸　資　産	（　　　）	諸　負　債	（　　　）
（　　　　　）	（　　　）	資　本　金	（　　　）
		利益剰余金	（　　　）
		（　　　　）	（　　　）
	（　　　）		（　　　）

(☞解答はp.183)

【問題2－3】　わが国の会計制度・原則・基準に関し，次に示すような意見については，賛否両論が考えられる。各意見に対して想定される賛成論および反対論を述べなさい。

　「連結貸借対照表において，非支配株主持分は純資産の部の株主資本の区分に記載すべきである。」

（平成14年公認会計士第二次試験論文式問題の一部変更）

(☞解答はp.183)

第3章

投資と資本の相殺消去

1 開始仕訳

連結財務諸表の作成のために必要な修正仕訳のうち，まず最初に行われるのが開始仕訳である。開始仕訳は前期までの連結修正仕訳を当期に引き継ぐための仕訳である。前期までに行った連結修正仕訳のうち，損益計算書項目は利益剰余金当期首残高として，また純資産を構成する項目のうち，資本金は資本金当期首残高，資本剰余金は資本剰余金当期首残高，利益剰余金は利益剰余金当期首残高，非支配株主持分は非支配株主持分当期首残高として引き継ぐ。

例題3-1 P社は×1年12月31日にS社の発行済株式の70％を120,000千円で取得した。支配獲得時におけるS社の資本は，資本金100,000千円，利益剰余金50,000千円であった。よって，当期（×2年1月1日～×2年12月31日）における開始仕訳を示しなさい。

《解答》（単位：千円）

(借)	資本金当期首残高	100,000	(貸)	S 社 株 式	120,000
	利益剰余金当期首残高	50,000		非支配株主持分当期首残高	45,000
	の れ ん	15,000			

> **例題３－２**　P社は×１年12月31日にS社の発行済株式の70％を170,000千円で取得した。S社の資本の推移は以下のとおりであり，S社は剰余金の配当は行っていない。よって，当期（×３年１月１日～×３年12月31日）における開始仕訳を示しなさい。なお，のれんは，発生年度の翌年度より20年間にわたり定額法により償却する。
>
> （単位：千円）
>
> | | 資本金 | 資本剰余金 | 利益剰余金 |
> |---|---|---|---|
> | ×１年12月31日 | 100,000 | 60,000 | 40,000 |
> | ×２年12月31日 | 100,000 | 60,000 | 50,000 |

《解答》（単位：千円）

１．×１年度末（×１年12月31日）

① 投資と資本の相殺消去

（借）資本金当期首残高	100,000	（貸）S　社　株　式	170,000
資本剰余金当期首残高	60,000	非支配株主持分当期首残高	60,000
利益剰余金当期首残高	40,000		
の　　れ　　ん	30,000		

２．×２年度（×２年１月１日～×２年12月31日）

② 非支配株主に帰属する当期純利益の計上

（借）利益剰余金当期首残高	3,000	（貸）非支配株主持分当期首残高	3,000*¹

　　＊１　利益剰余金の増加額（50,000－40,000）×30％＝3,000

③ のれんの償却

（借）利益剰余金当期首残高	1,500*²	（貸）の　　れ　　ん	1,500

　　＊２　のれん30,000÷20年＝1,500

上記①～③をまとめると，当期の開始仕訳は次のようになる。

（借）資 本 金 当 期 首 残 高　100,000　（貸）Ｓ 　社 　株 　式　170,000
　　　資本剰余金当期首残高　　60,000　　　　非支配株主持分当期首残高　63,000
　　　利益剰余金当期首残高　　44,500
　　　の 　れ 　ん　28,500

例題3−3　P社は×1年12月31日にS社の発行済株式の80％を150,000千円で取得した。S社の資本の推移は以下のとおりであり，S社は剰余金の配当は行っていない。よって，当期（×4年1月1日〜×4年12月31日）における開始仕訳を示しなさい。なお，のれんは，発生年度の翌年度より10年間にわたり定額法により償却する。

（単位：千円）

	資本金	資本剰余金	利益剰余金
×1年12月31日	100,000	50,000	30,000
×2年12月31日	100,000	50,000	40,000
×3年12月31日	100,000	50,000	50,000

《解答》（単位：千円）

1．×1年度末（×1年12月31日）

① 投資と資本の相殺消去

（借）資 本 金 当 期 首 残 高　100,000　（貸）Ｓ 　社 　株 　式　150,000
　　　資本剰余金当期首残高　　50,000　　　　非支配株主持分当期首残高　36,000
　　　利益剰余金当期首残高　　30,000
　　　の 　れ 　ん　6,000

2．×2年度（×2年1月1日〜×2年12月31日）

② 非支配株主に帰属する当期純利益の計上

（借）利益剰余金当期首残高　2,000　（貸）非支配株主持分当期首残高　2,000[*1]

*1　利益剰余金増加額（40,000−30,000）×20％＝2,000

③ のれんの償却

（借）利益剰余金当期首残高　600[*2]（貸）の 　れ 　ん　600

*2　のれん6,000÷10年＝600

3．×3年度（×3年1月1日～×3年12月31日）

④　非支配株主に帰属する当期純利益の計上

（借）利益剰余金当期首残高　　2,000　（貸）非支配株主持分当期首残高　2,000*3

*3　利益剰余金増加額（50,000－40,000）×20％＝2,000

⑤　のれんの償却

（借）利益剰余金当期首残高　　600　（貸）の　　れ　　ん　　600

上記①～⑤をまとめると，当期の開始仕訳は次のようになる。

（借）資本金当期首残高	100,000	（貸）S 社 株 式	150,000
資本剰余金当期首残高	50,000	非支配株主持分当期首残高	40,000
利益剰余金当期首残高	35,200		
の れ ん	4,800		

2　段階取得による資本連結

取得が複数の取引により達成された場合（段階取得）における被取得企業の取得原価の算定は，次のように行う（企業結合会計基準25項）。

①　個別財務諸表上，支配を獲得するに至った個々の取引ごとの原価の合計額をもって，被取得企業の取得原価とする。

②　連結財務諸表上，支配を獲得するに至った個々の取引すべての企業結合日における時価をもって，被取得企業の取得原価を算定する。なお，当該被取得企業の取得原価と，支配を獲得するに至った個々の取引ごとの原価の合計額との差額は，当期の段階取得に係る損益として処理する。

たとえば，P社がS社の発行済株式を，×1年3月31日に20％を17,000千円で，×2年3月31日に40％を36,000千円で取得し，支配を獲得した場合，P社の個別財務諸表上の処理は次のとおりである。なお，×2年3月31日におけるS社の資本金60,000千円，利益剰余金25,000千円とする。

×1年3月31日

（借）S　社　株　式　17,000　（貸）現　金　預　金　17,000

×2年3月31日

（借）S　社　株　式　36,000　（貸）現　金　預　金　36,000

　一方，連結財務諸表上，段階取得における子会社に対する投資の金額は，支配獲得日における時価で算定する。したがって，上記の例では，支配獲得日にS社の発行済株式の40％を36,000千円で取得しているため，それに基づいて支配獲得日の時価を算定すると，子会社株式の取得原価は54,000千円（＝36,000千円÷40％×60％）となる。個別財務諸表上の子会社株式の取得原価53,000千円（＝17,000千円＋36,000千円）と連結財務諸表上の子会社株式の取得原価54,000千円との差額は，段階取得に係る損益（特別利益）として処理し，投資と資本の相殺消去の仕訳を行う。

（借）S　社　株　式　1,000　（貸）段階取得に係る損益　1,000*1

　＊1　54,000－（17,000＋36,000）＝1,000

（借）資　本　金　60,000　（貸）S　社　株　式　54,000
　　　利　益　剰　余　金　25,000　　　　非支配株主持分　34,000*2
　　　の　れ　ん　3,000*3

　＊2　S社の資本85,000×非支配株主持分割合40％＝34,000
　＊3　投資額54,000－S社資本85,000×親会社持分割合60％＝3,000

　例題3-4　P社は，×1年3月31日にS社の発行済株式の10％を3,000千円で取得した。その後，P社は×2年3月31日にS社の発行済株式の50％を20,000千円で追加取得し，支配を獲得した。×1年3月31日におけるS社の貸借対照表価額（帳簿価額）は，諸資産23,000千円，諸負債5,000千円，資本金15,000千円，利益剰余金3,000千円で，諸資産のうち土地は15,000千円（簿価）であり，その時価は16,000千円であった。下記の［資料］に基づいて，当期（×1年4月1日～×2年3月31日）の連結貸借対照表を作成しなさい。

[資料]

P社の貸借対照表
×2年3月31日（単位：千円）

諸　資　産	77,000	諸　負　債	60,000
S 社 株 式	23,000	資　本　金	30,000
		利益剰余金	10,000
	100,000		100,000

S社の貸借対照表
×2年3月31日（単位：千円）

諸　資　産	25,000	諸　負　債	5,000
		資　本　金	15,000
		利益剰余金	5,000
	25,000		25,000

（注）　×2年3月31日におけるS社の諸資産のうち土地は15,000千円（簿価）であり，その時価は17,000千円であった。

《解答》

連結貸借対照表
×2年3月31日　　（単位：千円）

諸　　資　　産	104,000	諸　　　負　　　債	65,000
の　　れ　　ん	10,800	資　　　本　　　金	30,000
		利　益　剰　余　金	11,000
		非支配株主持分	8,800
	114,800		114,800

《解説》（単位：千円）

1．土地に係る評価差額の計上

（借）土　　　　　地　　2,000　　（貸）評　価　差　額　　2,000*1

*1　時価17,000－簿価15,000＝2,000

2．連結修正仕訳

（借）S　社　株　式　　1,000　　（貸）段階取得に係る損益　　1,000*2

*2　段階取得に係る損益：支配獲得日のS社株式の時価×親会社持分比率－個別会計上のS社株式
＝20,000÷50％×60％－（3,000＋20,000）
＝1,000

（借）資　　本　　金　15,000　　（貸）S　社　株　式　24,000
利　益　剰　余　金　5,000　　　　非支配株主持分　8,800*3
評　価　差　額　2,000
の　　れ　　ん　10,800

＊3　S社の資本22,000×非支配株主持分割合40％＝8,800

3　子会社の債務超過額の負担

　子会社の欠損のうち，当該子会社に係る非支配株主持分に割り当てられる額が当該非支配株主の負担すべき額を超える場合には，当該超過額は，親会社の持分に負担させる。この場合において，その後当該子会社に利益が計上されたときは，親会社が負担した欠損が回収されるまで，その利益の金額を親会社の持分に加算する（連結会計基準27項）。

　たとえば，×1年3月31日にP社がS社（諸資産の簿価90,000千円：時価100,000千円，諸負債70,000千円，資本金15,000千円，利益剰余金5,000千円）の発行済株式の80％を取得したが，S社はその翌年度に当期純損失50,000千円を計上した。当期純損失の金額に基づいて非支配株主に負担させる金額は10,000千円（＝50,000千円×20％）であるが，非支配株主持分が6,000千円（＝S社資本30,000千円×20％）しか存在していないので，非支配株主持分の金額がゼロになるまで負担させ，残りの4,000千円は親会社が負担する。したがって，当期純損失を非支配株主に負担させる仕訳は次のようになる。

（借）非 支 配 株 主 持 分　6,000　　（貸）非支配株主に帰属する当期純利益　6,000

例題3−5　P社は×1年3月31日にS社の発行済株式の70％を49,000千円で取得した。S社の資本の推移は以下のとおりであり，剰余金の配当は行っていない。よって，当期（×1年4月1日〜×2年3月31日）における①開始仕訳と②当期純損失を非支配株主に負担させる仕訳を示しなさい。

［資料1］S社の資本の推移
（単位：千円）

	資本金	利益剰余金
×1年3月31日	100,000	△30,000
×2年3月31日	100,000	△200,000

［資料2］S社の当期純利益
（単位：千円）

	当期純利益
×1年4月1日〜 ×2年3月31日	△170,000

《解答》 （単位：千円）

① 開始仕訳

（借）資本金当期首残高　100,000　　（貸）S　社　株　式　49,000
　　　　　　　　　　　　　　　　　　　　利益剰余金当期首残高　30,000
　　　　　　　　　　　　　　　　　　　　非支配株主持分当期首残高　21,000

② 当期純損失の非支配株主への負担

（借）非 支 配 株 主 持 分　21,000　　（貸）非支配株主に帰属する当期純利益　21,000

＊　S社の当期純損失170,000のうち非支配株主に負担させる金額は51,000（＝170,000
　×30％）であるが，非支配株主持分が21,000しか存在していないので，非支配株主
　持分の金額がゼロになるまで負担させ，残りの30,000は親会社が負担する。

例題3－6　連結財務諸表に関する以下の問に答えなさい。
　親会社P社は連結子会社S社の持分の60％を保有している。S社の前期末および
当期末の個別貸借対照表の要約は次のとおりである。S社は当期中に利益剰余
金の処分を行っていない。

S社の前期末貸借対照表（要約）

諸 資 産	10,000	諸 負 債	9,800
		純 資 産	200
		（うち利益剰余金△800）	
	10,000		10,000

S社の当期末貸借対照表（要約）

諸 資 産	10,000	諸 負 債	10,800
		純 資 産	△800
		（うち利益剰余金△1,800）	
	10,000		10,000

　連結財務諸表作成におけるS社の損益の配分に関するP社の会計処理には，
次の2つの方法が考えられる。

＜第1法＞
（借）非 支 配 株 主 持 分　80　　（貸）非支配株主に帰属　80
　　　　　　　　　　　　　　　　　　　　する当期純利益

＜第2法＞
（借）非 支 配 株 主 持 分　400　　（貸）非支配株主に帰属　400
　　　　　　　　　　　　　　　　　　　　する当期純利益

　この2通りの会計処理について，連結財務諸表作成の基礎となる考え方を対
比させて説明しなさい。

（平成22年公認会計士試験論文式問題の一部変更）

《解答》

　子会社に欠損が生じた場合，通常，非支配株主は親会社と同じ負担をしないと考えられ（「企業結合会計の見直しに関する論点の整理」17項），わが国の現行の連結会計基準は，基本的に親会社説の考え方によっている。したがって，子会社の欠損のうち非支配株主の負担すべき額を超える場合は，当該超過額を親会社が負担することになるので，＜第1法＞がとられる。一方，IFRSは，経済的単一体説の考え方によっている。したがって，非支配株主持分が負の残高となる場合でも，子会社の欠損を持分比率に応じて負担するので，＜第2法＞がとられる。

◆　Training　◆

【問題3－1】　企業会計基準第22号「連結財務諸表に関する会計基準」62項（結論の背景）における下記の文章の空欄①～⑤内に適当な語句を入れなさい。

　これまで，親会社の子会社に対する投資の金額は，連結財務諸表上で持分法を適用している場合を除き，（　①　）財務諸表上の金額に基づいて算定されてきた。このため，子会社株式の取得が複数の取引により達成された場合（段階取得），子会社となる会社に対する（　②　）を獲得するに至った個々の取引ごとの（　③　）の合計額が当該投資の金額とされてきた。

　連結会計基準では，国際的な動向に鑑みて，段階取得における子会社に対する投資の金額は，連結財務諸表上，支配獲得日における（　④　）で算定することとしている。この結果，親会社となる企業の連結財務諸表において，支配獲得日における（　④　）と支配を獲得するに至った個々の取引ごとの（　③　）の合計額との差額は，当期の（　⑤　）として処理することとなる。

（☞解答はp.184）

【問題3－2】　次の［資料Ⅰ］～［資料Ⅲ］に基づき，×2年度末に作成される連結財務諸表における①段階取得に係る損益，②非支配株主持分，③のれんの金額を求めなさい。

［資料Ⅰ］

　P社は，×1年12月31日に，S社の発行済株式の10％を10,000千円で取得した。×1年12月31日におけるS社の貸借対照表は，次のとおりである。

S社貸借対照表 （単位：千円）

諸　資　産	120,000	諸　負　債	70,000
		資　本　金	35,000
		利益剰余金	15,000
	120,000		120,000

（注）諸資産の中に含まれる簿価10,000千円の土地の時価は10,500千円であった。

［資料Ⅱ］

　P社は，×2年12月31日に，S社の発行済株式の50％を60,000千円で追加取得した。×2年12月31日におけるP社およびS社の貸借対照表は，次のとおりである。

P社貸借対照表（単位：千円）

諸　資　産	430,000	諸　負　債	250,000
S　社　株　式	70,000	資　本　金	200,000
		利益剰余金	50,000
	500,000		500,000

S社貸借対照表（単位：千円）

諸　資　産	137,000	諸　負　債	85,000
		資　本　金	35,000
		利益剰余金	17,000
	137,000		137,000

（注）S社の諸資産の中に含まれる簿価10,000千円の土地の時価は11,000千円であった。

［資料Ⅲ］　連結貸借対照表作成に当たっての留意事項

1．P社およびS社の会計期間は，いずれも12月31日を決算日とする1年である。

2．S社は，土地以外の資産および負債には，時価評価による重要な簿価修正額はない。

3．S社は，これまで剰余金の配当を行っていない。

4．税効果会計は考慮しない。

（☞解答はp.184）

【問題3−3】　子会社に欠損が生じ非支配株主持分が負の値となる場合，親会社が負担する理由を述べなさい。

（☞解答はp.184）

第4章

支配獲得後の追加取得と一部売却

1 子会社株式の追加取得

　親会社がある会社の株式を取得して子会社として支配した後，さらに追加してその子会社の株式を取得することがある。この場合，非支配株主持分が減少し親会社持分が増加する。したがって，子会社株式を追加取得した場合には，追加取得した株式に対応する持分を非支配株主持分から減額し，追加取得により増加した親会社の持分（追加取得持分）を追加投資額と相殺消去する。追加取得分と追加投資額との間に生じた差額は，**資本剰余金**として処理する（連結会計基準28項）。追加取得持分および減額する非支配株主持分は，追加取得日における非支配株主持分の額により計算する（連結会計基準注8）。

> **例題4-1**　P社は，×1年12月31日にS社の発行済株式の80％を150,000千円で取得し，その後，×2年度末（×2年12月31日）にS社の発行済株式の10％を20,000千円で追加取得した。次の［資料Ⅰ］および［資料Ⅱ］に基づいて，当期（×4年1月1日～×4年12月31日）における開始仕訳を示しなさい。なお，のれんは，発生した年度の翌年度から20年間にわたり定額法により償却する。
>
> ［資料Ⅰ］S社の資本の推移
>
> （単位：千円）
>
> | | 資 本 金 | 資本剰余金 | 利益剰余金 |
> |---|---|---|---|
> | ×1年12月31日 | 100,000 | 50,000 | 20,000 |
> | ×2年12月31日 | 100,000 | 50,000 | 30,000 |
> | ×3年12月31日 | 100,000 | 50,000 | 40,000 |

[資料Ⅱ] S社の土地の簿価および時価の推移

（単位：千円）

	簿　価	時　価
×1年12月31日	10,000	11,000
×2年12月31日	10,000	12,000

《解答》（単位：千円）

1．×1期末（×1年12月31日）

① 土地に係る評価差額の計上

（借）土　　　　　　地　1,000　（貸）評　価　差　額　1,000*1

*1　時価11,000－簿価10,000＝1,000

② 投資と資本の相殺消去

（借）資本金当期首残高　100,000　（貸）S　社　株　式　150,000
資本剰余金当期首残高　50,000　　　　非支配株主持分当期首残高　34,200
利益剰余金当期首残高　20,000
評　価　差　額　1,000
の　れ　ん　13,200

2．×2期（×2年1月1日～×2年12月31日）

③ 非支配株主に帰属する当期純利益の計上

（借）利益剰余金当期首残高　2,000　（貸）非支配株主持分当期首残高　2,000*2

*2　利益剰余金増加額（30,000－20,000）×20％＝2,000

④ のれんの償却

（借）利益剰余金当期首残高　660*3　（貸）の　　れ　　ん　660

*3　のれん13,200÷20年＝660

⑤ 追加取得（×2年12月31日）

（借）非支配株主持分当期首残高　18,100*4　（貸）S　社　株　式　20,000
資本剰余金当期首残高　1,900

＊4　S社の資本（100,000＋50,000＋30,000＋1,000）×10％＝18,100

３．×3期（×3年1月1日～×3年12月31日）

⑥　非支配株主に帰属する当期純利益の計上

（借）利益剰余金当期首残高　　1,000　　（貸）非支配株主持分当期首残高　　1,000＊5

＊5　利益剰余金増加額（40,000－30,000）×10％＝1,000

⑦　のれんの償却

（借）利益剰余金当期首残高　　660　　（貸）の　　れ　　ん　　660

上記①～⑦をまとめると，当期の開始仕訳は次のようになる。

（借）資本金当期首残高　100,000　（貸）S　社　株　式　170,000
　　　資本剰余金当期首残高　51,900　　　　非支配株主持分当期首残高　19,100
　　　利益剰余金当期首残高　24,320
　　　評　価　差　額　1,000
　　　の　　れ　　ん　11,880

2　子会社株式の一部売却

　子会社株式を一部売却した場合（親会社と子会社の支配関係が継続している場合に限る）には，売却した株式に対応する持分を親会社の持分から減額し，非支配株主持分を増額する。売却による親会社の持分の減少額（売却持分）と売却価額との間に生じた差額は，**資本剰余金**として処理する（連結会計基準29項）。

　なお，子会社株式の売却等により被投資会社が子会社および関連会社に該当しなくなった場合には，連結財務諸表上，残存する当該被投資会社に対する投資は，個別貸借対照表上の帳簿価額をもって評価する（連結会計基準29項）。

42

例題4－2　P社は，×1年3月31日にS社（資本金1,000千円，利益剰余金1,500千円）の発行済株式の70％を2,800千円で取得した。この時点のS社の土地は1,200千円（簿価）であり，その時価は1,700千円である。その後，P社は，×2年3月31日にS社の株式2,800千円のうち400千円（売却割合10％）を600千円で売却した。この時点のS社の資本は，資本金1,000千円，利益剰余金2,100千円であった。なお，S社は剰余金の配当を行っておらず，のれんは，発生した年度の翌年度から10年間にわたり定額法により償却する。以上により，当期（×1年4月1日～×2年3月31日）の連結修正仕訳を示しなさい。

《解答》（単位：千円）

1．投資と資本の相殺消去

（借）	資本金	1,000	（貸）	S社株式	2,800
	利益剰余金	1,500		非支配株主持分	900
	評価差額	500			
	のれん	700			

2．非支配株主に帰属する当期純利益の計上

| （借） | 非支配株主に帰属する当期純利益 | 180 | （貸） | 非支配株主持分 | 180 |

3．のれんの償却

| （借） | のれん償却 | 70 | （貸） | のれん | 70 |

4．売却簿価と売却持分の相殺消去

| （借） | S社株式 | 400 | （貸） | 非支配株主持分 | 360 |
| | | | | 株式売却益 | 40[*1] |

＊1　個別財務諸表上では，株式売却益200（＝600－400）が計上されるが，連結財務諸表上では，株式売却益240（＝600－360）が計上されるので，株式売却損益の修正額は40である。

P社の投資		S社の資本			
60%	10%	親会社持分 60%	売却持分 10%	非支配株主持分 30%	
		60	10		のれん（償却額）70
		540	90		のれん　630
S社株式 2,400	400	300	50	150	評 価 差 額　500
		600	100	300	資 本 金　1,000
		900	150	450	利益剰余金　1,500
株式売却益修正額　40 {		360	60	180	当期純利益　600
		360			

5．株式売却益の資本剰余金への振替

修正後の株式売却損益を資本剰余金に振り替える。

（借）株　式　売　却　益　240　（貸）資　本　剰　余　金　240[*2]

*2　売却価額600－売却持分（親会社持分の減少額）360＝240

Column 3　支配獲得後の持分の変動

経済的単一体説によれば，子会社株式の一部売却取引は**資本取引**として処理されるが，親会社説によれば，当該取引は**損益取引**とみなされる。わが国では，親会社株主に係る成果とそれを生み出す原資に関する情報が投資家の意思決定に有用であると考えられ，親会社説の会計処理がとられてきた（連結会計基準51-2項）。ところが，IFRSでは，経済的単一体説の会計処理がとられ，支配獲得後，支配を喪失する結果とならない親会社持分の変動（非支配株主との取引）は資本取引とされている。

会計基準のコンバージェンスの観点からは，国際的な会計基準と同様に会計処理を行うことにより，比較可能性の向上を図るべきあるので，支配獲得後，親会社持分の変動によって生じた差額は資本取引（資本剰余金）として処理される。

3 子会社の時価発行増資等に伴い 親会社の持分が増減した場合の処理

　子会社の時価発行増資等において，親会社の引受割合が従来の持分比率と異なり，かつ，発行価格が従来の1株当たりの純資産額と異なる場合には，親会社の払込額と当該増資等による親会社の持分の増減額との間に差額が生じる。この差額は，当該増資等に伴う持分比率の変化によって，親会社の持分の一部が非支配株主持分に，または非支配株主持分が親会社の持分に振り替わることから生じるものである（連結会計基準67項）。

　したがって，子会社の時価発行増資等に伴い，親会社の払込額と親会社の持分の増減額との間に差額が生じた場合（親会社と子会社の支配関係が継続している場合に限る。）には，当該差額を**資本剰余金**として処理する（連結会計基準30項）。資本剰余金が負の値となる場合には，連結会計年度末において，資本剰余金を零とし，当該負の値を利益剰余金から減額する（連結会計基準30-2項）。

　時価発行増資等に伴い親会社の持分が増減する場合（親会社と子会社の支配関係が継続している場合に限る）には，追加取得（親会社の持分比率が増加する場合）または一部売却（会社の持分比率が減少する場合）に準じて処理する（資本連結実務指針47項）。

例題4−3　以下の［資料］に基づき，時価発行増資に伴うP社の持分変動額を求めなさい。P社の事業年度は，×2年1月1日〜×2年12月31日である。

［資料］

1．P社は，×1年12月31日にS社の発行済株式（600株）の80％を34,000千円で取得した。S社株式取得時のS社の貸借対照表は次のとおりであった。

S社貸借対照表
×1年12月31日　　（単位：千円）

諸　資　産	55,000	諸　負　債	15,000
		資　本　金	30,000
		利益剰余金	10,000
	55,000		55,000

　S社の諸資産と諸負債の帳簿価額は時価に等しい。のれんが生じる場合は，翌年度末（×2年12月31日）から20年間にわたり定額法により償却する。

2．S社は，×2年12月31日に200株について時価発行増資（1株の発行価額90千円）を行った。払込金額を全額資本金として処理した。P社はこの増資について引受けを行わず，すべて外部株主により引受けおよび払込みが行われた。

3．S社は，×2年度において剰余金の配当を行っていない。また，×2年度の当期純利益は8,000千円であった。

(平成14年公認会計士第2次試験短答式問題の一部変更)

《解答》

1,200千円

《解説》（単位：千円）

1．投資と資本の相殺消去

（借）資　本　金　30,000　（貸）S　社　株　式　34,000
　　　利　益　剰　余　金　10,000　　　　非支配株主持分　8,000
　　　の　れ　ん　2,000

2．のれんの償却

（借）の　れ　ん　償　却　100*1　（貸）の　れ　ん　100

＊1　のれん2,000÷20年＝100

3．非支配株主に帰属する当期純利益の計上

（借）非支配株主に帰属する当期純利益　1,600*2　（貸）非支配株主持分　1,600

＊2　S社の当期純利益8,000×20％＝1,600

4．時価発行増資に伴う親会社の持分変動の処理

　非支配株主が全株引き受けたS社の第三者割当増資額18,000千円（200株）を，いったん従来の持分比率でP社も14,400千円（160株）を引き受け，その後P社が非支配株主へ，増資引受株式に相当する株式数（160株）を一部売却したものとみなして一部売却に準じた処理を行い，差額が生じた場合には，資本剰余金として処理する。

（借）資　　本　　金　18,000*3（貸）非 支 配 株 主 持 分　18,000
　　　非 支 配 株 主 持 分　14,400*4　　S　社　株　式　14,400
　　　S　社　株　式　14,400　　　非 支 配 株 主 持 分　13,200*5
　　　　　　　　　　　　　　　　　　資 本 剰 余 金　1,200*6

＊3　1株の発行価額90×発行済株式数200株＝18,000
＊4　18,000×80％＝14,400
＊5　66,000×親会社持分比率の変動（80％－60％）＝13,200
＊6　39,600－38,400＝1,200（親会社の持分変動額）
（注）　増資前S社資本＝資本金30,000＋利益剰余金10,000＋当期純利益8,000＝48,000
　　　　増資後S社資本＝増資前S社資本48,000＋増資額18,000＝66,000

	持分比率	持分額
親会社株主持分（増資前）	480株÷600株＝80％	48,000×80％＝38,400
親会社株主持分（増資後）	480株÷800株＝60％	66,000×60％＝39,600
非支配株主持分（増資前）	120株÷600株＝20％	48,000×20％＝9,600
非支配株主持分（増資後）	320株÷800株＝40％	66,000×40％＝26,400

例題4－4　次の［資料］に基づいて，P社の当期（×2年1月1日～×2年12月31日）の連結財務諸表を作成するにあたって必要な連結修正仕訳を示しなさい。

［資料］

1．P社は，×1年12月31日にS社の発行済株式（300株）の80％を49,000千円で取得した。S社株式取得時のS社の貸借対照表は次のとおりであった。

S社貸借対照表
×1年12月31日　　　（単位：千円）

諸　資　産	100,000	諸　負　債	40,000
		資　本　金	50,000
		利益剰余金	10,000
	100,000		100,000

　S社の諸資産と諸負債の帳簿価額は時価に等しい。のれんは，発生した翌年度から10年間にわたり定額法により償却する。

2．S社は，×2年12月31日に100株について時価発行増資（1株の発行価額220千円）を行い，その全額をP社に割り当てた。

3．S社は，×2年度において剰余金の配当を行っていない。×2年度の当期

純利益は3,000千円であった。

《解答》　（単位：千円）

1．投資と資本の相殺消去

（借）資　本　金	50,000	（貸）S　社　株　式	49,000
利　益　剰　余　金	10,000	非支配株主持分	12,000
の　れ　ん	1,000		

2．のれんの償却

（借）の れ ん 償 却	100*1	（貸）の　れ　ん	100

＊1　のれん1,000÷10年＝100

3．非支配株主に帰属する当期純利益の計上

（借）非支配株主に帰属する当期純利益	600*2	（貸）非支配株主持分	600

＊2　S社の当期純利益3,000×20％＝600

4．時価発行増資に伴う親会社の持分変動の処理

　P社で全株引き受けたS社の第三者割当増資額22,000千円（100株）を，いったん従来の持分比率で非支配株主も4,400千円（20株）を引き受け，その後P社が非支配株主から増資引受株式に相当する株式数（20株）を非支配株主の引受額で追加取得したものとみなして追加取得に準じた処理を行い，差額が生じた場合には，資本剰余金として処理する。

（借）資　本　金	22,000*3	（貸）S　社　株　式	22,000
S　社　株　式	4,400	非支配株主持分	4,400*4
非支配株主持分	4,250*5	S　社　株　式	4,400
資　本　剰　余　金	150*6		

＊3　1株の発行価額220×発行済株式数100株＝22,000
＊4　22,000×20％＝4,400
＊5　85,000×親会社持分比率の変動（85％－80％）＝4,250
＊6　22,000－親会社持分変動額21,850（＝72,250－50,400）＝150
（注）増資前S社資本＝資本金50,000＋利益剰余金10,000＋当期純利益3,000＝63,000
　　　増資後S社資本＝増資前S社資本63,000＋増資額22,000＝85,000

	持分比率	持分額
親会社株主持分（増資前）	240株÷300株＝80％	63,000×80％＝50,400
親会社株主持分（増資後）	340株÷400株＝85％	85,000×85％＝72,250
非支配株主持分（増資前）	60株÷300株＝20％	63,000×20％＝12,600
非支配株主持分（増資後）	60株÷400株＝15％	85,000×15％＝12,750

4 子会社が保有する自己株式の取扱い

　子会社が保有する自己株式は，親会社の子会社に対する投資と子会社の資本との相殺消去にあたって親会社の投資勘定と相殺消去される。子会社が自己株式を非支配株主から取得した場合，親会社による子会社株式の追加取得に準じて処理し，自己株式の取得の対価と非支配株主持分の減少額との差額は資本剰余金として処理する。また，子会社が自己株式を非支配株主へ処分した場合，親会社による子会社株式の一部売却に準じて処理し，通常は連結子会社による非支配株主への第三者割当増資と同様に処理する（自己株式等適用指針17項，［設例3]）。

例題4－5　P社は，×1年12月31日に，A社の株式350株を10,000千円で取得し，A社を連結の範囲に含め，連結財務諸表を作成している。次の［資料］に基づいて，当期（×2年1月1日〜×2年12月31日）における自己株式の取得に係る連結修正仕訳を示しなさい。

［資料］
1．A社の発行済株式数は，500株（自己株式150株を控除）である。
2．A社は剰余金の配当を行っていない。
3．A社の資本の推移は次のとおりである。

（単位：千円）

	資本金	利益剰余金	自己株式
×1年12月31日	10,000	7,000	△5,000
×2年12月31日	10,000	8,000	△8,000

（注）A社は，×2年12月31日に自己株式100株を3,000千円で取得した。

《**解答**》（単位：千円）

（借）非 支 配 株 主 持 分　2,650*1　（貸）自 己 株 式　3,000
　　　資 本 剰 余 金　　350*2

*1　非支配株主持分の増減額：1,250 − 3,900 = △2,650
*2　貸借差額

	持分比率	持分額
非支配株主持分 （自己株式取得前）	150株 ÷ 500株 = 30%	（10,000 + 8,000 − 5,000）× 30% = 3,900
非支配株主持分 （自己株式取得後）	50株 ÷（500株 − 100株） = 12.5%	（10,000 + 8,000 − 8,000）× 12.5% = 1,250

例題4−6　P社は，×1年12月31日に，A社の株式450株を11,000千円で取得し，A社を連結の範囲に含め，連結財務諸表を作成している。次の［資料］に基づいて，当期（×2年1月1日〜×2年12月31日）における自己株式の非支配株主への処分に係る連結修正仕訳を示しなさい。

［資料］
1．A社の発行済株式数は，600株（自己株式150株を控除）である。
2．A社は剰余金の配当を行っていない。
3．A社の資本の推移は次のとおりである。

（単位：千円）

	資本金	利益剰余金	自己株式
×1年12月31日	10,000	7,000	△5,000
×2年12月31日	10,000	8,000	0

（注）　A社は，×2年12月31日に保有しているすべての自己株式を非支配株主へ5,000千円で処分した。

《**解答**》（単位：千円）

（借）自 己 株 式　5,000　（貸）非 支 配 株 主 持 分　3,950*1
　　　　　　　　　　　　　　　資 本 剰 余 金　1,050*2

*1　非支配株主持分の増減額：7,200 − 3,250 = 3,950
*2　貸借差額

	持分比率	持分額
非支配株主持分 （自己株式処分前）	150株÷600株＝25％	$(10,000+8,000-5,000)$ ×25％＝3,250
非支配株主持分 （自己株式処分後）	300株÷（600株＋150株）＝40％	$(10,000+8,000)$ ×40％＝7,200

◆ Training ◆

【問題4－1】 連結会計に関する次のア～オの記述のうち，正しいものが2つある。その記号の組合わせを1つ選びなさい。

ア．子会社株式を追加取得した場合には，追加取得した株式に対応する持分を非支配株主持分から減額し，追加取得により増加した親会社の持分（追加取得持分）を追加投資額と相殺消去するとともに，追加取得持分と追加投資額との間に生じた差額は，のれんまたは負ののれんとして処理する。

イ．子会社株式を一部売却した場合等で，親会社と子会社の支配関係が継続しているときは，のれんの未償却額のうち売却した株式に対応する額も，売却持分と同様に売却価額から控除し，これらの差額を資本剰余金とする。

ウ．支配獲得後の親会社の持分変動による差額を資本剰余金とする会計処理の結果，資本剰余金の期末残高が負の値になる場合は，連結会計年度末において，資本剰余金を零とし，当該負の値を利益剰余金から減額する。

エ．子会社の時価発行増資等に伴い生ずる親会社の持分変動差額は，損益として処理することを原則とするが，利害関係者の判断を著しく誤らせるおそれがあると認められる場合には，利益剰余金に直接加減することができる。

オ．子会社が保有する自己株式は，資本連結にあたって親会社の投資勘定と相殺消去される。子会社が自己株式を非支配株主から取得した場合および非支配株主へ処分した場合，親会社による子会社株式の追加取得および一部売却に準じて処理する。

1．アイ　　2．アエ　　3．イウ　　4．ウオ　　5．エオ

(☞解答はp.184)

【問題4−2】　P社は，その子会社であるA社を連結の範囲に含め，連結財務諸表を作成している。P社が作成する当期（×5年4月1日〜×6年3月31日）の連結財務諸表に係る［資料Ⅰ］〜［資料Ⅳ］に基づき，資本連結（土地の時価評価を含む）に係る当期の開始仕訳を示すと，次のようになる。開始仕訳の①〜⑤にあてはまる金額を求めなさい。

A社に係る資本連結の開始仕訳（単位：千円）

(借)	土　　　　　　　地	（　　　）	(貸)	A　社　株　式	（　　　）
	資 本 金 当 期 首 残 高	（　　　）		非支配株主持分当期首残高	（　④　）
	資本剰余金当期首残高	（　①　）		（　　　　　　　　）	（　⑤　）
	利益剰余金当期首残高	（　②　）			
	の　　れ　　ん	（　③　）			

［資料Ⅰ］　P社によるA社株式の取得状況

	取得日	取得株式数	取得価額
新規取得	×1年3月31日	12,000株	660,000千円
追加取得	×4年3月31日	3,000株	175,000千円

（注）　なお，A社の発行済株式総数は20,000株である。

［資料Ⅱ］　A社の資本勘定の推移

　A社の前期までの資本勘定の推移は次のとおりである。

	資本金	資本剰余金	利益剰余金	自己株式
×1年3月31日	700,000千円	30,000千円	280,000千円	−
×4年3月31日	700,000千円	30,000千円	312,000千円	−
×5年3月31日	700,000千円	30,000千円	330,000千円	△70,000千円

（注）　A社は，×5年3月31日に自己株式1,250株を70,000千円の価額で取得している。

［資料Ⅲ］　A社の土地の簿価および時価の推移

　A社の土地の簿価と時価の推移は次のとおりである。

	簿　　価	時　　価
×1年3月31日	900,000千円	910,000千円
×4年3月31日	900,000千円	920,000千円
×5年3月31日	900,000千円	910,000千円

[資料Ⅳ]　参考事項

1．連結財務諸表の作成（資本連結）に当たっては，子会社の土地を時価で評価する。
　　土地以外の資産および負債については，簿価と時価の差額に重要性が乏しいため，
　　簿価（個別貸借対照表の金額）で評価する。

2．税効果会計は適用しないものとする。

3．のれんは，その計上後20年間にわたり定額法により償却する。なお，それらが
　　期末に生じるときは，償却は翌期から開始する。

（平成17年公認会計士第二次試験論文式問題の一部変更）

（☞解答はp.184）

【問題4－3】　子会社株式を一部売却した場合（親会社と子会社の支配関係が継続
している場合に限る）の会計処理方法には，2つの考え方がある。その考え方につ
いて説明しなさい。

（☞解答はp.184）

第**5**章

連結損益計算書

1　連結損益計算書の意義

　連結損益計算書（Consolidated Income Statement）は，親会社および子会社から成る企業集団の経営成績を示すものであり，親会社および子会社の個別損益計算書における収益，費用等の金額を基礎とし，連結会社相互間の取引高の相殺消去および未実現損益の消去等の処理を行って作成する。

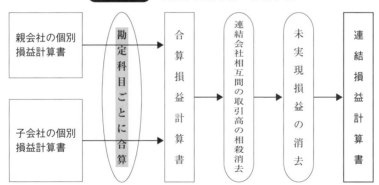

図表5-1　連結損益計算書の作成手続

親会社の個別損益計算書　→〔勘定科目ごとに合算〕→　合算損益計算書　→　連結会社相互間の取引高の相殺消去　→　未実現損益の消去　→　連結損益計算書

子会社の個別損益計算書　→〔勘定科目ごとに合算〕

2　連結会社相互間の取引高の相殺消去

　連結会社相互における商品の売買その他の取引に係る項目は，相殺消去する（連結会計基準35項）。また，子会社相互間の取引も同様である。これらの取引は，単一の組織体とみなされる企業集団内部の取引であるから，相殺消去しなければ，企業集団の経営成績を明確に示すことができなくなる。また，会社

相互間取引が連結会社以外の企業を通じて行われている場合であっても，その取引が実質的に連結会社間の取引であることが明確であるときは，この取引を連結会社間の取引とみなして処理する（連結会計基準注12）。

例題5－1 P社は子会社S社に対して商品を掛けで販売しており，当期150,000円の掛売上があった。連結会社間取引高の相殺消去仕訳を示しなさい。

《**解答**》（単位：円）

（借）売　上　高　150,000　（貸）売　上　原　価　150,000

3 未実現損益の消去

　連結会社間で棚卸資産，固定資産などの資産の売買が行われた場合には，売却した会社の個別財務諸表上では売買損益が計上されるが，連結財務諸表上ではその資産を企業集団外の第三者に売却するまでは，その損益は実現しない。したがって，連結会社相互間の取引によって取得した棚卸資産，固定資産その他の資産に含まれる**未実現損益**は，その全額を消去する。ただし，未実現損失については，売手側の帳簿価額のうち回収不能と認められる部分は，消去しない（連結会計基準36項）。また，未実現損益の金額に重要性が乏しい場合には，これを消去しないことができる（連結会計基準37項）。

(1) 棚卸資産に含まれる未実現損益の消去

　棚卸資産に含まれる未実現損益の消去は，期末棚卸資産に含まれる未実現損益を当該棚卸資産から加減するとともに，連結上の売上原価を修正することにより行う。未実現損益として消去されるべき金額は，通常その資産の売買に係る総損益率に基づいて算定する。未実現損益の消去方法には，次の3つの方法がある（連結会計基準68項）。

　(a) 未実現損益を全額消去し，かつ，その金額をすべて親会社の持分に負担させる方法（**全額消去・親会社負担方式**）

　(b) 未実現損益を全額消去し，親会社の持分と非支配株主持分とにそれぞれの

　持分比率に応じて負担させる方法（全額消去・持分按分負担方式）
(c)　親会社の持分比率に相当する未実現損益のみを消去し，親会社の持分にこ
　れを負担させる方法（部分消去・親会社負担方式）

①　親会社から子会社へ販売する場合（ダウン・ストリーム）

　ダウン・ストリームの場合には，その売買損益は親会社に計上されているの
で，全額消去・親会社負担方式が適用される。たとえば，親会社が子会社に原
価80,000円の商品を100,000円で販売し，期末現在に棚卸資産として残っている
場合には，次の仕訳によってその未実現利益を消去しなければならない。

（借）売　上　原　価　20,000　（貸）商　　　　　品　20,000

②　子会社から親会社へ販売する場合（アップ・ストリーム）

　アップ・ストリームの場合には，その売却損益は子会社に計上されているの
で，未実現損益の消去分を非支配株主にも負担させるため，全額消去・持分按
分負担方式が適用される。

　例題5-2　S社は，P社（S社株式の70％を所有）に対して商品100,000円（原
価70,000円）を売却したが，この商品はその後外部に売却されず，P社の期末
棚卸高に含まれている。この場合の未実現利益の消去仕訳を示しなさい。

《解答》（単位：円）

（借）売　上　原　価　30,000　（貸）商　　　　　品　30,000
　　　非支配株主持分　　9,000　　　　非支配株主に帰属　9,000
　　　　　　　　　　　　　　　　　　する当期純利益

Column 4　アップ・ストリーム取引における未実現損益の消去方法

　アップ・ストリーム取引の場合，親会社説によれば，非支配株主は外部者と考えられるため，売却損益のうち非支配株主に帰属する損益は実現したと考えて消去せず，親会社の持分比率に相当する未実現損益だけを消去する（部分消去・親会社負担方式）。これに対して，経済的単一体説によれば，親会社株主と非支配株主はともに企業集団の株主と考えられるため，未実現損益は親会社の持分と非支配株主持分とにそれぞれの持分比率に応じて負担させる（全額消去・持分按分負担方式）。

　以前は部分消去・親会社負担方式も認められていたが，現行の連結会計基準では，全額消去・持分按分負担方式がとられ，非支配株主持分にも未実現損益の消去を負担させる。

③　期首商品棚卸高に含まれている未実現利益の消去

期首商品棚卸高に含まれている未実現利益は，当期においてすべて実現したと考えて，次のように仕訳を行う。

(a)　開始仕訳

　　（借）利益剰余金当期首残高　×××　（貸）商　　　　　　品　×××

(b)　実現仕訳

　　（借）商　　　　　　品　×××　（貸）売　上　原　価　×××

(a)と(b)をまとめると，次のようになる。

> （借）利益剰余金当期首残高　×××　（貸）売　上　原　価　×××

⑵　**固定資産に含まれる未実現損益の消去**

　固定資産に含まれる未実現損益も，連結会社間取引の態様によって棚卸資産と同じ消去方法に基づいて消去しなければならない。ただし，固定資産に含まれる未実現損益が僅少な場合には，これを消去しないこともできる。固定資産に含まれる未実現損益の消去は，非減価償却資産の場合と減価償却資産の場合に大別される。

①　非減価償却資産の場合

　固定資産のうち非減価償却資産（土地など）に含まれる未実現損益は，棚卸資産と同様に，その固定資産を外部に売却するまでは実現しない。したがって，その固定資産に含まれる未実現損益を消去しなければならない。

（a）　ダウン・ストリームの場合

　この場合には，全額消去・親会社負担方式が適用される。たとえば，親会社が子会社に帳簿価額100,000円の土地を150,000円で販売し，その子会社が期末現在にこれを所有している場合には，次の仕訳によってその未実現損益を消去しなければならない。

（借）　土 地 売 却 益　　50,000　　（貸）　土　　　　　　地　　50,000

（b）　アップ・ストリームの場合

　この場合には，全額消去・持分按分負担方式が適用される。

例題5－3　P社はS社の発行済株式の60％を所有している。当期中に，S社はP社に対して土地を300,000円で売却し，P社は期末時点でこの土地を所有している。この土地のS社の帳簿価額は250,000円であった。この土地の未実現損益を消去する仕訳を示しなさい。

《解答》（単位：円）

（借）　土 地 売 却 益　　50,000　　（貸）　土　　　　　　地　　　　50,000
　　　　非 支 配 株 主 持 分　20,000　　　　　　非支配株主に帰属　　20,000
　　　　　　　　　　　　　　　　　　　　　　する当期純利益

②　減価償却資産の場合

　一方，減価償却資産に含まれる未実現損益は，外部への売却がなくても，その資産の減価償却を通じて実現する。このため，減価償却資産に含まれる未実現損益を消去する場合には，これに伴う減価償却費の修正は毎期行う。

（a）　ダウン・ストリームの場合

　この場合には，全額消去・親会社負担方式が適用される。たとえば，親会社が子会社に帳簿価額200,000円の機械を，当期首に300,000円で売却したとする。この子会社はこの機械を定率法（年償却率10％）で減価償却を行っている場合，

58

当期の連結決算上，この機械にかかわる未実現損益の消去仕訳は，次のように
なる。

| （借） | 固定資産売却益 | 100,000 | （貸） | 機　　　械 | 100,000 |
| | 減価償却累計額 | 10,000 | | 減 価 償 却 費 | 10,000 |

（b） アップ・ストリームの場合

この場合には，**全額消去・持分按分負担方式**が適用される。

例題5－4　P社はS社の発行済株式の60％を所有している。 当期首にS社はP
社に対して備品を700,000円で売却し，P社は期末時点でこの備品を所有してい
る。この備品のS社の帳簿価額は600,000円であった。P社はこの備品を定額法
（耐用年数10年，残存価額はゼロ）で減価償却を行っている。この備品の未実
現損益を消去する仕訳を示しなさい。

《解答》 （単位：円）

（借）	固定資産売却益	100,000	（貸）	備　　　品	100,000
	減価償却累計額	10,000		減 価 償 却 費	10,000
	非支配株主持分	40,000		非支配株主に帰属する当期純利益	40,000
	非支配株主に帰属する当期純利益	4,000		非支配株主持分	4,000

◆　Training　◆

【問題5－1】　連結会計に関する次のア～オの記述のうち，誤っているものが2つ
ある。その記号の組合わせを1つ選びなさい。

ア．連結会社相互間の取引高の相殺消去について，会社相互間取引が連結会社以
　　外の企業を通じて行われている場合であっても，その取引が実質的に連結会社
　　間の取引であることが明確であるときは，この取引を連結会社間の取引とみな
　　して処理する。

イ．親会社説によれば，親子間の資産売買取引によって生じた未実現損益は，その全額を消去せず，親会社持分相当額だけを消去する。

ウ．非支配株主が存在する子会社から親会社への売上取引に係る未実現損益の消去方法として，未実現損益は，全額消去・持分按分負担方式が適用される。

エ．連結会社間において棚卸資産を時価で売買することにより生じる内部損失はすべて消去しなければならない。

オ．減価償却資産に含まれる未実現損益の消去に伴う減価償却費の修正計算方法について，毎期修正する方法のほかに，固定資産の除却時または連結会社以外の会社への売却時に一括して修正する方法も認められる。

1．アイ　　2．アオ　　3．イウ　　4．ウエ　　5．エオ

(☞解答はp.185)

【問題5−2】　次の［資料Ⅰ］および［資料Ⅱ］に基づき，連結損益計算書を作成しなさい。

［資料Ⅰ］

1．P社は，S社株式の70％を取得しS社を支配している。

2．S社は，当期よりP社へ商品の一部を掛けで販売している。なお，S社からP社への商品販売においては，毎期，原価に20％の利益が加算されている。

3．当期におけるS社からP社への売上高は20,000千円であった。

4．P社の商品棚卸高に含まれているS社からの仕入分は次のとおりである。

前期末　1,200千円　　当期末　1,800千円

［資料Ⅱ］　P社およびS社の当期の損益計算書

・損益計算書　　　　　　　　　　　　　　　（単位：千円）

	P社	S社
売上高	50,000	40,000
売上原価	30,000	25,000
売上総利益	20,000	15,000
販売費及び一般管理費	7,000	4,000
当期純利益	13,000	11,000

（解答欄）

・連結損益計算書　　　　　　　　　（単位：千円）

売上高

売上原価　　　　　　　　　　　_____

　売上総利益

販売費及び一般管理費　　　　　　_____

当期純利益

非支配株主に帰属する当期純利益　_____

親会社株主に帰属する当期純利益　_____

（☞解答はp.185）

【問題５－３】　次の文章について，正しいものには○，誤りを含んだものには×を所定の欄に記入したうえ，その理由を簡潔に説明しなさい。

　　「連結会社間の取引でも，子会社から親会社に資産を売ったような場合は，外部株主との取引による利益の実現を認めて，その分を資産原価と連結利益（連結持分）から控除しないことがある。」

（平成７年公認会計士第二次試験論文式問題の一部変更）

（☞解答はp.185）

第**6**章

連結会計上の税効果会計

　税効果会計の意義

　法人税法上の課税所得は，財務会計上の当期純利益に基づいて計算されるが，財務会計上の収益・費用と税務会計上の益金・損金の範囲が一致しないため，当期純利益と課税所得の金額に差異が生じる。その結果，税引前当期純利益と法人税等の金額が対応せず，それにより株主間の不公平が生じることになる。

　こうした問題を解決するため，企業会計基準審議会は1998年10月に「税効果会計に係る会計基準」（以下，税効果会計基準という）を公表し，1999年４月１日以降開始する事業年度から税効果会計の全面適用を要求した。**税効果会計**とは，財務会計上の収益・費用と，税務会計上の益金・損金の認識時点が異なることから，財務会計上の資産・負債と税務会計上の資産・負債の額に差異（これを**一時差異**という）がある場合に，法人税等を適切に期間配分することにより，税引前当期純利益と法人税等を合理的に対応させることを目的とする手続である（税効果会計基準第一）。

　一時差異は貸借対照表および連結貸借対照表に計上されている資産および負債の金額と課税所得計算上の資産および負債の金額との差額をいう。一時差異は，次のような場合に生じる（税効果会計基準第二の一２）。

（1）　財務諸表上の一時差異
　①　収益または費用の帰属年度が相違する場合。
　②　資産の評価替えにより生じた評価差額が直接純資産の部に計上され，かつ，課税所得の計算に含まれていない場合。
（2）　連結財務諸表固有の一時差異

① 資本連結に際し，子会社の資産および負債の時価評価により評価差額が生じた場合。

② 連結会社相互間の取引から生ずる未実現損益を消去した場合。

③ 連結会社相互間の債権と債務の相殺消去により貸倒引当金を減額修正した場合。

　連結手続の結果として，連結貸借対照表上の資産額（負債額）が個別貸借対照表上の資産額（負債額）よりも下回る（上回る）場合には，**将来減算一時差異**が生じ，連結貸借対照表上の資産額（負債額）が個別貸借対照表上の資産額（負債額）よりも上回る（下回る）場合には，**将来加算一時差異**が生じる。将来減算一時差異に係る税金の額は，将来の会計期間において回収が見込まれない税金の額を除き，**繰延税金資産**として計上する。また，将来加算一時差異に係る税金の額は，将来の会計期間において支払いが見込まれない税金の額を除き，**繰延税金負債**として計上する（税効果会計基準第二・二・1）。

　子会社株式等の取得に伴い，資本連結手続上，認識したのれんまたは負ののれんについて，繰延税金負債または繰延税金資産を計上しない（税効果適用指針43項）。

2　税効果会計の方法

　税効果会計の方法には，繰延法と資産負債法がある。連結財務諸表上，税効果会計の適用が任意であった当時の実務では繰延法が採用されていたが，わが国の現行の税効果会計基準では資産負債法が採用されている。

　資産負債法とは，会計上の資産または負債の金額と税務上の資産または負債の金額との間に差異があり，会計上の資産または負債が将来回収または決済されるなどにより当該差異が解消されるときに，税金を減額または増額させる効果がある場合に，当該差異（一時差異）の発生年度にそれに対する繰延税金資産または繰延税金負債を計上する方法である。したがって，資産負債法に適用される税率は，一時差異の解消見込年度に適用される税率である（税効果適用指針89項）。

　一時差異等に係る税金の金額は，将来の会計期間において回収または支払いが見込まれない税金の額を除き，繰延税金資産または繰延税金負債として計上

しなければならない（税効果会計基準第二・二・1）。また，繰延税金資産または繰延税金負債の金額は，その回収または支払いが行われると見込まれる期の税率に基づいて計算する（税効果会計基準第二・二・2）。

　法人税等について税率の変更があった場合には，過年度に計上された繰延税金資産および繰延税金負債を新たな税率に基づき再計算する（税効果会計基準注解6）。法人税等について税率の変更があったこと等により繰延税金資産および繰延税金負債の金額を修正した場合には，修正差額は法人税等調整額に加減して処理する。ただし，資産の評価替えにより生じた評価差額が直接純資産の部に計上される場合において，当該評価差額に係る繰延税金資産および繰延税金負債の金額を修正したときは，修正差額を評価差額に加減して処理する（税効果会計基準注解7）。

3　子会社の資産・負債の時価評価と税効果会計

　資本連結に際し子会社の資産および負債の時価評価により評価差額が生じた場合，この評価差額には税効果会計が適用される。たとえば，親会社が発行済株式の80％を所有している子会社の諸資産のうち，土地の簿価が100,000円であり，時価が120,000円であった場合，評価差額20,000円について法定実効税率を30％として税効果会計を適用する場合，次のような連結修正仕訳を行う。

　①　土地に係る評価差額の計上

　　（借）土　　　　　　　地　20,000*1　（貸）評　価　差　額　20,000

　　　*1　時価120,000 − 簿価100,000 = 20,000

　②　評価差額に係る税効果

　　（借）評　価　差　額　6,000　（貸）繰　延　税　金　負　債　6,000*2

　　　*2　20,000 × 30％ = 6,000

①と②の仕訳をまとめると，次のようになる。

　（借）土　　　　　　　地　20,000　（貸）繰　延　税　金　負　債　6,000
　　　　　　　　　　　　　　　　　　　　　　評　価　差　額　14,000

資本連結に際し，子会社の資産および負債の時価評価により生じた評価差額

がある場合には，当該評価差額に係る時価評価時点の繰延税金資産または繰延税金負債を当該評価差額から控除した額をもって，親会社の投資額と相殺の対象となる子会社の資本とする（税効果会計基準第二・二・3）。

例題6−1 P社は，×1年3月31日にS社株式の80％を48,000千円で取得した。下記に示すS社の貸借対照表に基づいて連結修正仕訳を示しなさい。なお，法定実効税率を30％として税効果会計を適用する。

S社貸借対照表
×1年3月31日 （単位：千円）

諸 資 産	100,000	諸 負 債	50,000
		資 本 金	40,000
		利 益 剰 余 金	10,000
	100,000		100,000

(注) 諸資産の時価は120,000千円，諸負債の時価は60,000千円である。

《解答》 （単位：千円）

1．評価差額の計上と評価差額に係る税効果

(借) 諸　資　産　20,000*1　(貸) 諸　負　債　10,000*2
　　　　　　　　　　　　　　　 評 価 差 額　 7,000
　　　　　　　　　　　　　　　 繰 延 税 金 負 債　3,000*3

*1　時価120,000−簿価100,000＝20,000
*2　時価60,000−簿価50,000＝10,000
*3　（20,000−10,000）×30％＝3,000

2．投資と資本の相殺消去

(借) 資　本　金　40,000　(貸) S 社 株 式　48,000
　　 利 益 剰 余 金　10,000　　　 非支配株主持分　11,400*4
　　 評 価 差 額　 7,000
　　 の れ ん　 2,400

*4　S社の資本（40,000＋10,000＋7,000）×20％＝11,400

４ 　**未実現損益の消去に伴う税効果会計**

　連結会社相互間の取引から生ずる未実現損益を消去すると，連結貸借対照表上の資産額が個別貸借対照表上の資産額よりも下回る。この場合に税効果会計を適用すると将来減算一時差異が生じるので，将来の会計期間において回収が見込まれない税金の額を除き繰延税金資産を計上する。未実現損益の消去に係る一時差異に関する繰延税金資産または繰延税金負債の計算に用いる税率は，未実現損益が発生した売却元の連結会社に適用された税率による（税効果適用指針137項）。

(1)　ダウン・ストリームの場合

　たとえば，親会社から子会社に販売した期末商品棚卸高に含まれる未実現利益10,000円を消去する際に法人税等の法定実効税率を30％として税効果会計を適用した場合，次のような連結修正仕訳を行う。

（借）売　上　原　価　　10,000　　（貸）商　　　　　　品　　10,000
　　　繰 延 税 金 資 産　　 3,000　　　　　法人税等調整額　　 3,000

> **例題6－2**　P社は，子会社S社に原価に20％の利益を加算して商品を販売している。S社の期首商品棚卸高12,000円と期末商品棚卸高6,000円は，親会社P社からの仕入分である。法人税等の法定実効税率を30％として税効果会計を適用する場合の連結修正仕訳を示しなさい。

《解答》（単位：円）

1．期首分

　①　開始仕訳

　　（借）利益剰余金当期首残高　　2,000[*1]　（貸）商　　　　　　品　　　　2,000
　　（借）繰 延 税 金 資 産　　　 600　　（貸）利益剰余金当期首残高　　600[*2]

　　　　*1　12,000×0.2÷1.2＝2,000（未実現利益）
　　　　*2　2,000×0.3＝600

② 実現仕訳

（借）商　　　　　品　　2,000　（貸）売　上　原　価　　2,000
（借）法 人 税 等 調 整 額　　600　（貸）繰 延 税 金 資 産　　600

①と②をまとめると，次のようになる。

（借）利益剰余金当期首残高　　2,000　（貸）売　　上　　原　　価　　2,000
（借）法 人 税 等 調 整 額　　600　（貸）利益剰余金当期首残高　　600

2．期末分

（借）売　　上　　原　　価　　1,000*3　（貸）商　　　　　　品　　1,000
（借）繰 延 税 金 資 産　　300　（貸）法 人 税 等 調 整 額　　300*4

* 3　6,000×0.2÷1.2＝1,000（未実現利益）
* 4　1,000×30％＝300

(2)　アップ・ストリームの場合

　子会社の未実現利益を消去することにより，子会社の当期純利益が減少するので，非支配株主持分を減少させる。たとえば，子会社から親会社（子会社株式の70％を所有）に販売した期末商品に含まれる未実現利益10,000円を消去する際に法人税等の法定実効税率を30％として税効果会計を適用する場合，次のような連結修正仕訳を行う。

（借）売　　上　　原　　価　　10,000　（貸）商　　　　　　品　　10,000
　　　繰 延 税 金 資 産　　3,000　　　　法 人 税 等 調 整 額　　3,000
　　　非 支 配 株 主 持 分　　2,100*　　　非支配株主に帰属する　　2,100
　　　　　　　　　　　　　　　　　　　　　当 期 純 利 益

* （10,000－3,000）×30％＝2,100

> **例題6－3**　S社は，親会社P社（S社株式の80％を所有）に原価に20％の利益を加算して商品を販売している。P社の期首商品棚卸高12,000円と期末商品棚卸高6,000円は，子会社S社から仕入れたものである。法人税等の法定実効税率は30％として，税効果会計を適用する場合の連結修正仕訳を示しなさい。

《解答》　（単位：円）

1．期首分

①　開始仕訳

（借）利益剰余金当期首残高	2,000*1	（貸）商　　　　品	2,000
（借）繰 延 税 金 資 産	600*2	（貸）利益剰余金当期首残高	600
（借）非支配株主持分当期首残高	280*3	（貸）利益剰余金当期首残高	280

　　＊1　12,000×0.2÷1.2＝2,000（未実現利益）
　　＊2　2,000×30％＝600
　　＊3　（2,000－600）×20％＝280

②　実現仕訳

（借）商　　　　品	2,000	（貸）売 上 原 価	2,000
（借）法 人 税 等 調 整 額	600	（貸）繰 延 税 金 資 産	600
（借）非支配株主に帰属する当期純利益	280	（貸）非支配株主持分当期変動額	280

①と②をまとめると，次のようになる。

（借）利益剰余金当期首残高	2,000	（貸）売 上 原 価	2,000
（借）法 人 税 等 調 整 額	600	（貸）利益剰余金当期首残高	600
（借）非支配株主持分当期首残高	280	（貸）利益剰余金当期首残高	280
（借）非支配株主に帰属する当期純利益	280	（貸）非支配株主持分当期変動額	280

2．期末分

（借）	売 上 原 価	1,000*4	（貸）	商　　　品	1,000
（借）	繰 延 税 金 資 産	300*5	（貸）	法 人 税 等 調 整 額	300
（借）	非支配株主持分当期変動額	140*6	（貸）	非支配株主に帰属する 当 期 純 利 益	140

＊4　6,000×0.2÷1.2＝1,000（未実現利益）
＊5　1,000×30％＝300
＊6　（1,000－300）×20％＝140

5　貸倒引当金の減額修正に伴う税効果会計

　連結会社相互間の債権と債務の相殺消去により貸倒引当金が減額修正した場合，連結貸借対照表上の資産額は個別貸借対照表上の資産額より大きくなり，将来加算一時差異が生じる。将来加算一時差異に対しては，将来の会計期間において支払いが見込まれない税金の額を除き，繰延税金負債を計上する。

(1)　ダウン・ストリームの場合

　たとえば，親会社の貸倒引当金 1,000円を修正する際に法人税等の法定実効税率を30％として税効果会計を適用すると，連結修正仕訳は次のようになる。

| （借） | 貸 倒 引 当 金 | 1,000 | （貸） | 貸 倒 引 当 金 繰 入 | 1,000 |
| | 法 人 税 等 調 整 額 | 300 | | 繰 延 税 金 負 債 | 300 |

> 例題6－4　親会社P社の売掛金残高のうち子会社S社に対するものが期首に10,000円あり，期末に15,000円ある。P社は，売掛金の期末残高に対して2％の貸倒引当金を設定している。法人税等の法定実効税率を30％として税効果会計を適用する場合の連結修正仕訳を示しなさい。

《解答》　（単位：円）

1．期首分

① 開始仕訳

（借）貸 倒 引 当 金　　　　200*1　（貸）利益剰余金当期首残高　　　200
（借）利益剰余金当期首残高　　　60　（貸）繰 延 税 金 負 債　　　60*2

＊1　10,000× 2 ％＝200
＊2　200×30%＝60

② 実現仕訳

（借）貸 倒 引 当 金 繰 入　　　200　（貸）貸 倒 引 当 金　　　200
（借）繰 延 税 金 負 債　　　60　（貸）法 人 税 等 調 整 額　　　60

①と②をまとめると，次のようになる。

（借）貸 倒 引 当 金 繰 入　　　200　（貸）利益剰余金当期首残高　　　200
（借）利益剰余金当期首残高　　　60　（貸）法 人 税 等 調 整 額　　　60

2．期末分

（借）貸 倒 引 当 金　　　300　（貸）貸 倒 引 当 金 繰 入　　　300*3
（借）法 人 税 等 調 整 額　　　90*4　（貸）繰 延 税 金 負 債　　　90

＊3　15,000× 2 ％＝300
＊4　300×30%＝90

(2)　アップ・ストリームの場合

　貸倒引当金の減額修正により，子会社の当期純利益が増加するので，非支配株主持分を増加させる。たとえば，子会社（親会社が株式の80％を所有）の貸倒引当金 1,000円を修正する際に法人税等の法定実効税率を30％として税効果会計を適用すると，連結修正仕訳は次のようになる。

(借) 貸 倒 引 当 金	1,000	(貸) 貸 倒 引 当 金 繰 入	1,000
法 人 税 等 調 整 額	300	繰 延 税 金 負 債	300*1
非支配株主に帰属する 当 期 純 利 益	140*2	非 支 配 株 主 持 分	140

　*1　1,000×30%＝300
　*2　（1,000－300）×20%＝140

例題6－5　S社の売掛金残高のうち親会社P社（S社株式の80%を所有）に対するものが期首に10,000円あり，期末に15,000円ある。子会社S社は，売掛金残高に対して3%の貸倒引当金を設定している。法人税等の法定実効税率を30%として税効果会計を適用する場合の連結修正仕訳を示しなさい。

《解答》（単位：円）

1．期首分

①　開始仕訳

(借) 貸 倒 引 当 金	300*1	(貸) 利益剰余金当期首残高	300
(借) 利益剰余金当期首残高	90	(貸) 繰 延 税 金 負 債	90*2
(借) 利益剰余金当期首残高	42	(貸) 非支配株主持分当期首残高	42*3

　　*1　10,000×3%＝300
　　*2　300×30%＝90
　　*3　（300－90）×20%＝42

②　実現仕訳

(借) 貸 倒 引 当 金 繰 入	300	(貸) 貸 倒 引 当 金	300
(借) 繰 延 税 金 負 債	90	(貸) 法 人 税 等 調 整 額	90
(借) 非支配株主持分当期変動額	42	(貸) 非支配株主に帰属 する当期純利益	42*4

　　*4　（300－90）×20%＝42

①と②をまとめると，次のようになる。

（借）	貸 倒 引 当 金 繰 入	300	（貸）	利益剰余金当期首残高	300
（借）	利益剰余金当期首残高	90	（貸）	法 人 税 等 調 整 額	90
（借）	利益剰余金当期首残高	42	（貸）	非支配株主持分当期首残高	42
	非 支 配 株 主 持 分 当 期 変 動 額	42	（貸）	非 支 配 株 主 に 帰 属 す る 当 期 純 利 益	42

2．期末分

（借）	貸 倒 引 当 金	450	（貸）	貸 倒 引 当 金 繰 入	450*5
（借）	法 人 税 等 調 整 額	135*6	（貸）	繰 延 税 金 負 債	135
（借）	非支配株主に帰属する 当 期 純 利 益	63	（貸）	非支配株主持分当期変動額	63*7

*5　15,000 × 3 ％ = 450
*6　450 × 30 % = 135
*7　（450 − 135）× 20 % = 63

6 子会社に対する投資に係る税効果会計

　子会社への投資後に子会社が計上した損益，為替換算調整勘定，のれんの償却等により，子会社に対する投資の連結貸借対照表上の価額が変動する。その結果，親会社の個別貸借対照表上の投資簿価と当該投資の連結貸借対照表上の価額の間に差額が生じる。当該差額は，子会社が親会社に配当を実施する場合，親会社が保有する投資を第三者に売却するまたは保有する投資に対して個別財務諸表上の評価損を計上することにより，税務上の損金に算入される場合に，親会社において納付する税金を増額または減額する効果を有する。このように将来の会計期間に親会社において納付する税金を増額または減額する効果を有する場合，親会社の個別貸借対照表上の投資簿価と子会社に対する投資の連結貸借対照表上の価額との差額は連結財務諸表固有の一時差異に該当する（税効果適用指針104項）。

【問題6－1】 税効果会計に関する次のア～オの記述のうち，誤っているものが2つある。その記号の組み合わせを1つ選びなさい。

ア．未実現損益の消去に適用する税率は，購入者側の連結会社において将来の外部売却時に適用される税率による。

イ．資本連結に際し子会社の資産の時価評価により評価差額が生じた場合，連結貸借対照表上の資産の計上額と個別貸借対照表上の資産の計上額との間に差異が生じる。この差異は連結財務諸表固有の一時差異に該当する。

ウ．連結貸借対照表において，繰延税金資産と繰延税金負債がある場合には，必ずそれぞれ相殺して表示する。

エ．連結会社相互間の債権債務の相殺消去に伴い減額修正された貸倒引当金が，税務上損金算入されたものであれば，減額修正により将来加算一時差異が生ずる。

オ．子会社株式の取得に伴い発生したのれんまたは負ののれんに対しては税効果を認識しない。

1．アイ　　　2．アウ　　　3．イエ　　　4．ウオ　　　5．エオ

(☞解答はp.185)

【問題6－2】 P社は，×0年12月31日にS社株式の80％を取得し，連結子会社としている。×1年度（×1年1月1日～×1年12月31日）にかかる下記の［資料Ⅰ］および［資料Ⅱ］に基づいて，連結損益計算書を作成しなさい。なお，法定実効税率を30％として，税効果会計を行う。

[資料Ⅰ]

・損益計算書

(単位：千円)

	P社	S社
	×1/1/1～×1/12/31	×1/1/1～×1/12/31
売上高	1,000,000	700,000
売上原価	800,000	525,000
売上総利益	200,000	175,000
販売費及び一般管理費	130,000	140,000
営業利益	70,000	35,000
支払利息	10,000	15,000
経常利益	60,000	20,000
固定資産売却益	30,000	10,000
税引前当期純利益	90,000	30,000
法人税等	10,000	3,500
当期純利益	80,000	26,500

[資料Ⅱ]

1．P社は，×1年度よりS社へ商品の一部を掛けで販売している。なお，P社からS社への商品販売においては，毎期，原価に20％の利益が加算されている。

2．×1年度におけるP社の売上高のうち200,000千円はS社に対するものである。

3．S社の期末商品棚卸高にはP社からの仕入分が90,000千円含まれている。

4．P社の売掛金期末残高のうちS社に対するものが100,000千円含まれている。

5．P社は，毎期，売掛金の期末残高に対して2％の貸倒引当金を計上している。

6．P社は×1年度期首に土地（帳簿価額60,000千円）をS社に70,000千円で売却した。

（解答欄）

• 連結損益計算書

（自×1年1月1日　至×1年12月31日）

（単位：千円）

売上高

売上原価

　売上総利益　　　　　　　　　　———————

販売費及び一般管理費

　営業利益　　　　　　　　　　　———————

支払利息

　経常利益　　　　　　　　　　　———————

固定資産売却益

　税金等調整前当期純利益

　法人税等

　法人税等調整額　　　　———————————

当期純利益

非支配株主に帰属する当期純利益　———————

親会社株主に帰属する当期純利益　===========

(☞解答はp.185)

【問題6－3】　支配獲得後に子会社が利益を計上した場合に生じる一時差異の解消について説明しなさい。

(☞解答はp.186)

第7章 連結株主資本等変動計算書

1 連結株主資本等変動計算書の意義

　従来，連結財務諸表においては，資本剰余金および利益剰余金の変動を表すものとして連結剰余金計算書が開示されてきた。ところが，近年における新しい会計基準により，資本（純資産）の部に直接計上される項目（その他有価証券評価差額金，為替換算調整勘定，退職給付に係る調整累計額等）が増えてきた。また，会社法の適用により，純資産の部の変動要因（自己株式の取得，処分および消却等）が増加していることなどから，資本（純資産）の部の変動についての情報開示が必要になってきた。ところが，貸借対照表および損益計算書だけでは，株主持分（資本金，準備金および剰余金等）の変動の連続性を把握することが困難となる（株主資本等変動計算書会計基準18項）。さらに，国際的な会計基準では，「株主持分変動計算書」が財務諸表の1つとして位置づけられていることから，会社法では，すべての株式会社に対して，株主資本等変動計算書の作成が義務づけられ，企業会計基準委員会は，2005年12月に企業会計基準第6号「株主資本等変動計算書に関する会計基準」（以下，株主資本等変動計算書会計基準という）を公表した。企業会計基準第6号は，会社法施行日（2006年5月1日）以降終了する連結会計年度および事業年度から適用された。

　連結株主資本等変動計算書（Consolidated Statement of Changes in Equity）は，連結貸借対照表の純資産の部の一会計期間における変動額のうち，主として，親会社株主に帰属する部分である株主資本の各項目の変動事由を報告するために作成される。連結貸借対照表の純資産の部を構成する株主資本とそれ以外の項目（その他の包括利益累計額，株式引受権，新株予約権，非支配株主持分）のうち，主として株主資本に係る変動額を表示する計算書である。

　連結株主資本等変動計算書では，株主資本の各項目（資本金，資本剰余金，利益剰余金，自己株式）は，当期首残高，当期変動額および当期末残高に区分し，当期変動額は変動事由ごとにその金額を表示する（株主資本等変動計算書会計基準6項）。なお，連結損益計算書の親会社株主に帰属する当期純利益（または親会社株主に帰属する当期純損失）は，利益剰余金の変動事由として表示される（株主資本等変動計算書会計基準7項）。また，株主資本以外の各項目（その他有価証券評価差額金，繰延ヘッジ損益，為替換算調整勘定，退職給付に係る調整累計額，株式引受権，新株予約権，非支配株主持分）は，当期首残高，当期変動額および当期末残高に区分し，当期変動額は純額で記載する。ただし，当期変動額について主な変動事由ごとにその金額を表示（注記による開示を含む）することもできる（株主資本等変動計算書会計基準8項）。連結株主資本等変動計算書には，①発行済株式の種類および総数に関する事項，②自己株式の種類および株式数に関する事項，③新株予約権および自己新株予約権に関する事項，④配当に関する事項を注記する。個別株主資本等変動計算書には，連結株主資本等変動計算書の注記事項のうち②自己株式の種類および株式数に関する事項を注記するが，①，③，④を注記することもできる。

Column 5　**連結株主資本等変動計算書**

　純資産の変動を表す計算書について，国際的な会計基準では，純資産の部のすべての項目を対象としているので，連結持分変動計算書とよばれる。これに対して，わが国の会計基準では，純資産の部のうち，主として株主資本のみを対象としているので，連結株主資本等変動計算書とよばれる。

　国際的な会計基準では，株主資本以外の項目についても，一会計期間の変動が開示される。また，その他の包括利益累計額の残高が大きい場合には，その変動が将来の株主資本の変動に大きな影響を与える可能性があり，その変動事由を示すことも財務諸表利用者にとって有用な場合があるとの意見がある。一方，わが国では，財務報告における情報開示の中で，財務諸表利用者にとって特に重要な情報は投資の成果を表す利益の情報であり，当該情報の主要な利用者であり受益者である株主に対して，当期純利益とこれを生み出す株主資本との関係を示すことが重要であると考えられている。したがって，親会社説に基づく親会社株主への情報提供を一義的なものと考えれば，株主資本については変動事由ごとに表示されるが，株主資本以外の項目については変動事由ごとに開示する重要性は相対的に低いと考えられ，純額で表示される（株主資本等変動計算書会計基準20・21項）。

2 剰余金の配当による修正

　個別会計で行われる子会社の剰余金の配当は，その全額が連結会計上の利益剰余金減少高となっており，このまま連結するとその減少分を親会社が全額負担することになる。そこで連結財務諸表の作成にあたっては，剰余金の配当額を持分比率により親会社負担額と非支配株主持分負担額とに分け，親会社負担額については連結会計上も剰余金の配当（利益剰余金の減少）とし，非支配株主持分負担額については非支配株主持分の減少と考える。

　配当金は持分比率に応じて，親会社と非支配株主に支払われる。このうち親会社に支払われた配当金は連結会社間の内部取引となり，非支配株主に支払われた配当金は非支配株主持分の減少となる。

> **例題7−1**　P社はS社の発行済株式の80％を所有している。S社の剰余金の配当は1,000千円であった。剰余金の配当についての連結消去仕訳を示しなさい。

《解答》（単位：千円）

（借）受 取 配 当 金　　800　　（貸）剰 余 金 の 配 当　　1,000
　　　非支配株主持分　　200

> **例題7−2**　P社は，×1年4月1日にS社の発行済株式の80％を取得し，子会社とした。次の［資料］に基づいて，×2年度（×2年4月1日〜×3年3月31日）におけるP社の連結株主資本等変動計算書を作成しなさい。
> ［資料］
> 1．P社の×1年度および×2年度の連結貸借対照表（単位：千円）

	×2年3月31日	×3年3月31日
諸資産	100,000	120,000
資産合計	100,000	120,000
諸負債	38,000	51,700
負債合計	38,000	51,700
資本金	25,000	25,000
資本剰余金	20,000	20,000
利益剰余金	15,000	21,000

	2,000	2,300
非支配株主持分	2,000	2,300
純資産合計	62,000	68,300
負債及び純資産合計	100,000	120,000

2．×2年度のP社およびS社の損益計算書における当期純利益は，それぞれ 6,800千円および2,500千円であった。

3．×2年度に行われたP社およびS社の剰余金の配当は，それぞれ2,000千円， 1,000千円であった。

《解答》 （単位：千円）

連結株主資本等変動計算書

	株主資本				非支配株主持　　分	純資産合　　計
	資本金	資本剰余金	利益剰余金	株主資本合計		
当期首残高	25,000	20,000	15,000	60,000	2,000	62,000
当期変動額						
剰余金の配当			△2,000	△2,000		△2,000
親会社株主に帰属する当期純利益			8,000*	8,000		8,000
株主資本以外の項目の当期変動額（純額）					300	300
当期変動額合計			6,000	6,000	300	6,300
当期末残高	25,000	20,000	21,000	66,000	2,300	68,300

* P社当期純利益6,800＋S社当期純利益2,500－非支配株主に帰属する当期純損益500－受取配当金800＝8,000

1．剰余金の配当の修正

（借）受　取　配　当　金　　800　　（貸）剰　余　金　の　配　当　　1,000
　　　非支配株主持分当期変動額　　200

2．非支配株主持分に帰属する当期純利益の計上

（借）非支配株主に帰属する　　500*　　（貸）非支配株主持分当期変動額　　500
　　　当　期　純　利　益

　　*　2,500×20％＝500

例題7−3　P社は，×1年3月31日にS社株式の70％を49,000千円で取得し，S社を連結子会社とした。次の［資料］に基づいて，×2年3月期（×1年4月1日〜×2年3月31日）の連結株主資本等変動計算書（株主資本以外の各項目について主な変動事由およびその金額を連結株主資本等変動計算書に表示する）を作成しなさい。

［資料］

1．P社およびS社の各個別貸借対照表および各個別損益計算書ならびに剰余金の変動は次のとおりである。

（単位：千円）

個別貸借対照表（抜粋）	P社 ×1年 3月31日	P社 ×2年 3月31日	S社 ×1年 3月31日	S社 ×2年 3月31日
純資産の部				
Ⅰ　株主資本の部				
1　資本金	60,000	60,000	50,000	50,000
2　資本剰余金	10,000	10,000	8,000	8,000
3　利益剰余金	30,000	35,000	10,000	15,000
株主資本合計	100,000	105,000	68,000	73,000
Ⅱ　評価・換算差額等				
1　その他有価証券評価差額金	10,000	15,000	2,000	3,000
純資産合計	110,000	120,000	70,000	76,000

個別損益計算書（抜粋）	P社 ×1年4月1日から ×2年3月31日	S社 ×1年4月1日から ×2年3月31日
営業収益		
受取配当金	700	0
（中略）		
当期純利益	10,000	6,000

剰余金の変動		
資本剰余金		
期首残高	10,000	8,000
期末残高	10,000	8,000
利益剰余金		
期首残高	30,000	10,000
剰余金の配当	△5,000	△1,000
当期純利益	10,000	6,000
期末残高	35,000	15,000

2．P社およびS社は，×2年3月期においてその他有価証券の売却および取得を行っていない。

《解答》 （単位：千円）

① 開始仕訳

（借）資本金当期首残高	50,000	（貸）S 社 株 式	49,000
資本剰余金当期首残高	8,000	非支配株主持分当期首残高	21,000
利益剰余金当期首残高	10,000		
その他有価証券評価差額金当期首残高	2,000		

② 剰余金の配当の修正

（借）受 取 配 当 金	700	（貸）剰 余 金 の 配 当	1,000
非支配株主持分当期変動額	300		

③ その他有価証券評価差額金増加額のうち非支配株主持分への振替

（借）その他有価証券評価差額金当期変動額	300*1	（貸）非支配株主持分当期変動額	300

　*1 （3,000－2,000）×30％＝300

④ 非支配株主持分に帰属する当期純利益の計上

（借）非支配株主に帰属する当期純利益	1,800*2	（貸）非支配株主持分当期変動額	1,800

　*2 6,000×30％＝1,800

連結株主資本等変動計算書

	株主資本				その他の包括利益累計額	非支配株主持　分	純資産合　計
	資本金	資本剰余金	利益剰余金	株主資本合計	その他有価証券評価差額金		
当期首残高	60,000	10,000	30,000	100,000	10,000	21,000	131,000
当期変動額							
剰余金の配当			△5,000	△5,000		△300	△5,300
親会社株主に帰属する当期純利益			13,500*1	13,500			13,500
その他有価証券評価差額金の増減					5,700*2	300	6,000
非支配株主に帰属する当期純利益						1,800	1,800
当期変動額合計			8,500	8,500	5,700	1,800	16,000
当期末残高	60,000	10,000	38,500	108,500	15,700	22,800	147,000

＊1　P社当期純利益10,000＋S社当期純利益6,000－非支配株主に帰属する当期純利益1,800－受取配当金700＝13,500

＊2　P社その他有価証券評価差額金増加額5,000＋S社その他有価証券評価差額金増加額1,000－その他有価証券評価差額金のうち非支配株主持分への振替額300＝5,700

3　包括利益の表示

　これまでわが国の会計基準では，包括利益（comprehensive income）の表示を定めていなかったが，2010年 6 月30日に企業会計基準第25号「包括利益の表示に関する会計基準」（2013年 9 月13日改正。以下，包括利益会計基準という）が公表され，財務諸表における包括利益およびその他の包括利益の表示が定められた。ただし，包括利益の表示は当面の間，個別財務諸表には適用されない（包括利益会計基準16- 2 項）ので，連結財務諸表にのみ適用される。以下，本節では，包括利益会計基準に基づき，包括利益の表示について説明する。

　包括利益を表示する目的は，期中に認識された取引および経済的事象（資本取引を除く）により生じた純資産の変動を報告することである。包括利益の表示によって提供される情報は，投資家等の財務諸表利用者が企業全体の事業活

動について検討するのに役立つことが期待されるとともに，貸借対照表との連携（純資産と包括利益とのクリーン・サープラス関係）を明示することを通じて，財務諸表の理解可能性と比較可能性を高め，また，国際的な会計基準とのコンバージェンスにも資するものと考えられる（包括利益会計基準21項）。

　包括利益の表示の導入は，包括利益を企業活動に関する最も重要な指標として位置づけることを意味するものではなく，当期純利益に関する情報と併せて利用することにより，企業活動の成果についての情報の全体的な有用性を高めることを目的とするものである。包括利益会計基準は，市場関係者から広く認められている当期純利益に関する情報の有用性を前提としており，包括利益の表示によってその重要性を低めることを意図するものではない。また，包括利益会計基準は，当期純利益の計算方法を変更するものではなく，当期純利益の計算は，従来のとおり他の会計基準の定めに従うこととなる（包括利益会計基準22項）。

　「包括利益」とは，ある企業の特定期間の財務諸表において認識された純資産の変動額のうち，当該企業の純資産に対する持分所有者との直接的な取引によらない部分をいう（包括利益会計基準4項）。また，「その他の包括利益」とは，包括利益のうち当期純利益に含まれない部分をいう。連結財務諸表におけるその他の包括利益には，親会社株主に係る部分と非支配株主に係る部分が含まれる（包括利益会計基準5項）。

　包括利益を表示する計算書は，①当期純利益を表示する損益計算書と，包括利益を表示する包括利益計算書からなる形式（2計算書方式）と②当期純利益の表示と包括利益の表示を1つの計算書（「損益及び包括利益計算書」）で行う形式（1計算書方式）のいずれかの形式による（包括利益会計基準11項）。連結財務諸表においては，包括利益のうち親会社株主に係る金額および非支配株主に係る金額を付記する（包括利益会計基準11項）。包括利益の表示例については，図表7－1のとおりである。

図表7-1 連結財務諸表における包括利益の表示例

【2計算書方式】		【1計算書方式】	
<連結損益計算書>		<連結損益及び包括利益計算書>	
売上高	10,000	売上高	10,000
税金等調整前当期純利益	2,200	税金等調整前当期純利益	2,200
法人税等	900	法人税等	900
当期純利益	1,300	当期純利益	1,300
非支配株主に帰属する当期純利益	300	（内訳）	
親会社株主に帰属する当期純利益	1,000	親会社株主に帰属する当期純利益	1,000
		非支配株主に帰属する当期純利益	300
<連結包括利益計算書>			
当期純利益	1,300		
その他の包括利益：		その他の包括利益：	
その他有価証券評価差額金	530	その他有価証券評価差額金	530
繰延ヘッジ損益	300	繰延ヘッジ損益	300
為替換算調整勘定	△180	為替換算調整勘定	△180
持分法適用会社に対する持分相当額	50	持分法適用会社に対する持分相当額	50
その他の包括利益合計	700	その他の包括利益合計	700
包括利益	2,000	包括利益	2,000
（内訳）		（内訳）	
親会社株主に係る包括利益	1,600	親会社株主に係る包括利益	1,600
非支配株主に係る包括利益	400	非支配株主に係る包括利益	400

（出所：企業会計基準第25号，参考2，包括利益の表示例）

Column 6 ┃ その他の包括利益の当期純利益へのリサイクリング

　当期純利益は，企業の総合的な業績指標であり，財務諸表利用者が参照できる最も有用な指標の1つであるが，当期純利益情報は，キャッシュ・フローと整合的である場合には有用である。また，リサイクリング処理を行う場合，全会計期間を通算した当期純利益の合計額とキャッシュ・フローの合計額は一致するが，ノンリサイクリング項目が生じると当期純利益に反映されないキャッシュ・フローが存在することとなり，当期純利益の性格が変質するとともに，当期純利益の総合的な業績指標としての有用性が低下する。したがって，わが国ではその他の包括利益に含まれた項目はすべて，その後，当期純利益へのリサイクリング処理が必要であると考えられている（企業会計基準委員会による修正会計基準第2号「その他の包括利益の会計処理」18項参照）。

例題7-4 次の［資料］に基づいて，当期（×3年1月1日～×3年12月31日）におけるP社の連結株主資本等変動計算書および連結包括利益計算書を作成しなさい。

［資料］

1．P社は×1年度末（×1年12月31日）に，S社株式の80％を115,000千円で取得しS社を連結子会社とした。×1年度末におけるS社の純資産の内訳は，資本金100,000千円，利益剰余金40,000千円，その他有価証券評価差額金2,000千円である。

2．P社およびS社の個別株主資本等変動計算書（抜粋）は次のとおりである。

（単位：千円）

個別株主資本等変動計算書（抜粋）	P社 ×3年1月1日から ×3年12月31日	S社 ×3年1月1日から ×3年12月31日
資本金		
期首残高	200,000	100,000
期末残高	200,000	100,000
利益剰余金		
期首残高	100,000	50,000
剰余金の配当	△10,000	△5,000
当期純利益	30,000	12,000
期末残高	120,000	57,000
その他有価証券評価差額金		
期首残高	1,000	3,000
当期変動額	700	500
期末残高	1,700	3,500

3．のれんは発生した年度の翌年度より20年間にわたり定額法により償却する。

4．P社およびS社は，前期まで剰余金の配当を行っていなかった。

5．P社およびS社は，当期においてその他有価証券の売却および取得を行っていない。

《解答》（単位：千円）

1．×1年度末（×1年12月31日）

① 投資と資本の相殺消去

（借）資 本 金 当 期 首 残 高　100,000　（貸）S　社　株　式　115,000
　　　利益剰余金当期首残高　　40,000　　　　非支配株主持分当期首残高　28,400
　　　その他有価証券評価差額金当期首残高　　2,000
　　　の　　れ　　ん　　　　　1,400

2．×2年度（×2年1月1日〜×2年12月31日）

② 非支配株主に帰属する当期純利益の計上

（借）利益剰余金当期首残高　　2,000*1　（貸）非支配株主持分当期首残高　　2,000

　　＊1　利益剰余金の増加額（50,000 − 40,000）×20% = 2,000

③ その他有価証券評価差額金増加額のうち非支配株主持分への振替

（借）その他有価証券評価差額金当期首残高　　200*2　（貸）非支配株主持分当期首残高　　200

　　＊2　（3,000 − 2,000）×20% = 200

④ のれんの償却

（借）利益剰余金当期首残高　　　70*3　（貸）の　　れ　　ん　　　70

　　＊3　1,400 ÷ 20年 = 70

3．×3年度（×3年1月1日〜×3年12月31日）

上記①〜④までの仕訳をまとめると，当期の開始仕訳は次のようになる。

⑤ 開始仕訳

（借）資 本 金 当 期 首 残 高　100,000　（貸）S　社　株　式　115,000
　　　利益剰余金当期首残高　　42,070　　　　非支配株主持分当期首残高　30,600
　　　その他有価証券評価差額金当期首残高　　2,200
　　　の　　れ　　ん　　　　　1,330

⑥ 非支配株主に帰属する当期純利益の計上

（借）非支配株主に帰属する　2,400*4　（貸）非支配株主持分当期変動額　　2,400
　　　当 期 純 利 益

*4　12,000×20% = 2,400

⑦　その他有価証券評価差額金増加額の非支配株主持分への振替

（借）その他有価証券評価差額金当期変動額　100*5　（貸）非支配株主持分当期変動額　100

*5　（3,500－3,000）×20% = 100

⑧　のれんの償却

（借）の れ ん 償 却　70　（貸）の　れ　ん　70

⑨　剰余金の配当の修正

（借）受 取 配 当 金　4,000　（貸）剰 余 金 の 配 当　5,000
　　　非支配株主持分当期変動額　1,000

連結株主資本等変動計算書

	株主資本			その他の包括利益累計額 その他有価証券評価差額金	非支配株主持分	純資産合計
	資本金	利益剰余金	株主資本合計			
当期首残高	200,000	107,930*1	307,930	1,800*3	30,600	340,330
当期変動額						
剰余金の配当		△10,000	△10,000			△10,000
親会社株主に帰属する当期純利益		35,530*2	35,530			35,530
株主資本以外の項目の当期変動額（純額）				1,100*4	1,500*5	2,600
当期変動額合計		25,530	25,530	1,100	1,500	28,130
当期末残高	200,000	133,460	333,460	2,900	32,100	368,460

*1　P社100,000＋S社50,000－開始仕訳42,070 = 107,930
*2　P社30,000＋S社12,000－連結修正仕訳（2,400＋70＋4,000） = 35,530
*3　P社1,000＋S社3,000－開始仕訳2,200 = 1,800
*4　P社700＋S社500－連結修正仕訳100 = 1,100
*5　連結修正仕訳（2,400＋100－1,000） = 1,500

連結包括利益計算書

当期純利益　　　　　　　　　37,930*6
その他の包括利益：
　その他有価証券評価差額金　　1,200*7
包括利益　　　　　　　　　　39,130
　（内訳）
親会社株主に係る包括利益　　36,630*8
非支配株主に係る包括利益　　　2,500*9

*6　親会社株主に帰属する当期純利益35,530＋非支配株主に帰属する当期純利益2,400＝
　　37,930
*7　P社その他の包括利益700＋S社その他の包括利益500＝1,200
*8　親会社株主に帰属する当期純利益35,530＋親会社株主に帰属するその他の包括利益1,100
　　＝36,630
*9　非支配株主に帰属する当期純利益2,400＋非支配株主に帰属するその他の包括利益100＝
　　2,500

◆　Training　◆

【問題7－1】　連結株主資本等変動計算書に関する次のア～オの記述のうち，誤っているものが1つある。その記号の番号を1つ選びなさい。

ア．連結損益計算書の当期純利益は，連結株主資本等変動計算書において利益剰余金の変動事由として表示する。

イ．連結貸借対照表の純資産の部における株主資本以外の各項目の当期変動額は，純額で表示するが，主な変動事由およびその金額を表示することができる。

ウ．経済的単一体説に基づく報告主体の所有者への情報提供を一義的なものと考えれば，新株予約権者や非支配株主との取引を変動事由ごとに開示する重要性は相対的に低いと考えられる。

エ．株主資本とそれ以外の項目とでは一会計期間における変動事由ごとの金額に関する情報の有用性が異なること，および株主資本以外の各項目を変動事由ごとに表示することに対する事務負担の増大などを考慮し，表示方法に差異が設けられている。

オ．現在の情報開示の中心が連結財務諸表であることから，注記事項は，原則と

して，連結株主資本等変動計算書に記載される。連結株主資本等変動計算書と個別株主資本等変動計算書の注記内容が異なる自己株式の種類および株式数に関する事項については，個別株主資本等変動計算書にも記載される。

1．ア　　2．イ　　3．ウ　　4．エ　　5．オ

(☞解答はp.186)

【問題７－２】　P社は，×1年3月31日にS社の株式の80％を12,000千円で取得し，S社を連結子会社にした。次の［資料］に基づいて，×2年3月期（×1年4月1日〜×2年3月31日）の連結株主資本等変動計算書を作成しなさい。

［資料］

1．×1年3月31日および×2年3月31日におけるP社およびS社の個別貸借対照表，個別損益計算書および剰余金の変動は次のとおりである。

（単位：千円）

個別貸借対照表（抜粋）	P社		S社	
	×1年3月31日	×2年3月31日	×1年3月31日	×2年3月31日
諸資産	21,000	23,000	14,000	14,600
S社株式	12,000	12,000	–	–
	33,000	35,000	14,000	14,600
資本金	20,000	20,000	10,000	10,000
資本剰余金	2,000	2,000	1,000	1,000
利益剰余金	10,000	12,000	2,000	3,000
その他有価証券評価差額金	1,000	2,000	1,000	600
	33,000	36,000	14,000	14,600

個別損益計算書（抜粋）	P社	S社
	×1年3月31日〜×2年3月31日	×1年3月31日〜×2年3月31日
受取配当金	800	–
その他収益	3,200	2,000
当期純利益	4,000	2,000

剰余金の変動	P社 ×1年3月31日〜 ×2年3月31日	S社 ×1年3月31日〜 ×2年3月31日
資本剰余金		
期首残高	2,000	1,000
期末残高	2,000	1,000
利益剰余金		
期首残高	10,000	2,000
配当金	△2,000	△1,000
当期純利益	4,000	2,000
期末残高	12,000	3,000

2．のれんは発生した年度の翌年度から5年間にわたり定額法により償却する。

3．P社およびS社は，×2年3月期においてその他有価証券の売却および取得を行っていない。

（解答欄）

連結株主資本等変動計算書

	株主資本				その他の包括利益累計額 その他有価証券評価差額金	非支配株主持分	純資産合計
	資本金	資本剰余金	利益剰余金	株主資本合計			
当期首残高							
当期変動額							
剰余金の配当							
親会社株主に帰属する当期純利益							
株主資本以外の項目の当期変動額（純額）							
当期変動額合計							
当期末残高							

（☞解答はp.186）

【問題7－3】 日本の会計基準は，原則として，当期または過去の期間に「その他の包括利益」に計上された全ての項目についてリサイクリングを規定する理由を説明しなさい。

（平成28年公認会計士試験論文式問題）

（☞解答はp.187）

第8章

持分法

1 持分法の意義

　持分法（equity method）とは，投資会社が被投資会社の資本および損益のうち投資会社に帰属する部分の変動に応じて，その投資の額を連結決算日ごとに修正する方法をいう。連結貸借対照表における投資勘定の増減分は，連結損益計算書において**持分法による投資損益勘定**で処理する。持分法による投資損益は，営業外損益の区分に表示される。連結は連結会社の財務諸表を合算するので，完全連結または全部連結とよばれるのに対して，持分法は投資勘定と持分法による投資損益勘定によって連結財務諸表に反映するので，**一行連結**（one-line consolidation）とよばれる。

　持分法に関する会計処理および開示についての会計基準は，企業会計基準第16号「持分法に関する会計基準」（以下，持分法会計基準という）および会計制度委員会報告第9号「持分法会計に関する実務指針」（以下，持分法実務指針という）である。なお，連結財務諸表を作成していないが，個別財務諸表において持分法を適用して算定された財務情報に係る注記を行う場合には，持分法会計基準による（持分法会計基準3項）。以下，本章では，持分法会計基準と持分法実務指針に基づいて説明する。

　連結財務諸表において，非連結子会社および関連会社に対する投資については，原則として持分法を適用しなければならない。ただし，持分法の適用により，連結財務諸表に重要な影響を与えない場合には，持分法の適用会社としないことができる（持分法会計基準6項）。

　ここで，「**関連会社**」とは，企業（当該企業が子会社を有する場合には，当該子会社を含む）が，出資，人事，資金，技術，取引等の関係を通じて，子会社以

外の他の企業の財務および営業または事業の方針の決定に対して重要な影響を与えることができる場合における当該子会社以外の他の企業をいう（持分法会計基準 5 項）。なお，更生会社，破産会社その他これらに準ずる企業であって，かつ，当該企業の財務および営業または事業の方針の決定に対して重要な影響を与えることができないと認められる企業は関連会社に該当しない。

　関連会社は，重要な影響を与えることができるかどうかという基準（影響力基準）により定義されており，次の場合には，子会社以外の他の企業の財務および営業または事業の方針の決定に重要な影響を与えることができないことが明らかに示されない限り，当該他の会社は関連会社に該当するものとする（持分法会計基準 5 - 2 項）。

---

(1)　子会社以外の他の企業の議決権の20％以上を自己の計算において所有している場合

(2)　子会社以外の他の企業の議決権の15％以上，20％未満を自己の計算において所有している場合であって，かつ，次のいずれかの要件に該当する場合

　①　役員もしくは使用人である者，またはこれらであった者で自己が子会社以外の他の企業の財務および営業または事業の方針の決定に関して影響を与えることができる者が，当該子会社以外の他の企業の代表取締役，取締役またはこれらに準ずる役職に就任していること

　②　子会社以外の他の企業に対して重要な融資（債務の保証および担保の提供を含む）を行っていること

　③　子会社以外の他の企業に対して重要な技術を提供していること

　④　子会社以外の他の企業との間に重要な販売，仕入その他の営業上または事業上の取引があること

　⑤　その他子会社以外の他の企業の財務および営業または事業の方針の決定に対して重要な影響を与えることができることが推測される事実が存在すること

(3)　自己の計算において所有している議決権と，緊密な者および同意している者が所有している議決権とを合わせて，子会社以外の他の企業の議決権の20％以上を占めているときであって，かつ，上記(2)の①から⑤までのいずれかの要件に該当する場合

> **Column 7**　連結と持分法
>
> 　持分法を適用しても，連結を行っても原則として，親会社株主に帰属する当期純
> 損益および純資産に与える影響は，原則として同一である（持分法実務指針2項）。
> しかしながら，持分法によれば持分法適用会社の純損益の変動（純資産の変動）し
> か財務諸表には反映されないために，連結と比べれば企業集団全体の財政状態およ
> び経営成績を十分には反映できない。また，持分法によれば被投資会社が利益を計
> 上した時点で収益を計上することになり，発生主義に基づいて利益が認識され，
> キャッシュ・フローを伴わないという問題がある。
> 　企業集団の多様化と実質的支配に必要な持株比率の低下によって，親子会社のみ
> を対象とした連結財務諸表では，企業集団全体の財政状態および経営成績が表示で
> きないので，非連結子会社，関連会社，共同支配企業に対する投資に持分法が適用
> されている。その意味において，持分法は連結会計を補完するものであろう。

2　持分法の会計処理

　持分法の適用に際しては，被投資会社の財務諸表の適正な修正や資産および
負債の評価に伴う税効果会計の適用等，原則として，連結子会社の場合と同様
の処理を行うものとする（持分法会計基準8項）。

　持分法の適用は，次の手続による（持分法会計基準11〜14項）。

(1)　投資会社の投資日における投資とこれに対応する被投資会社の資本との間
　　に差額がある場合には，当該差額はのれんまたは負ののれんとし，のれんは
　　投資に含めて処理される。
(2)　投資会社は，投資の日以降における被投資会社の利益または損失のうち投
　　資会社の持分または負担に見合う額を算定して，投資の額を増額または減額
　　し，当該増減額を当期純利益の計算に含める。
(3)　投資の増減額の算定にあたっては，連結会社（親会社および連結される子
　　会社）と持分法の適用会社との間の取引に係る未実現損益を消去するための
　　修正を行う。
(4)　被投資会社から配当金を受取った場合には，当該配当金に相当する額を投
　　資の額から減額する。

　持分法を適用した関連会社の欠損を負担する責任が投資額の範囲に限られて
いる場合，投資会社は，持分法による投資価額がゼロとなるところまで負担す

94

る。ただし，他の株主との間で損失分担契約がある場合，持分法適用会社に対し設備資金もしくは運転資金等の貸付金等がある場合，または契約上もしくは事実上の債務保証がある場合には，契約による損失分担割合または持分割合等，債務超過額（マイナスの純資産額）のうち投資会社が事実上負担することになると考えられる割合に相当する額を投資会社の持分に負担させなければならない（持分法実務指針20項）。

さらに，関連会社であっても，他の株主に資金力または資産がなく，投資会社のみが借入金に対し債務保証を行っているような場合等，事実上，投資会社が当該関連会社の債務超過額全額を負担する可能性が極めて高い場合には，当該債務超過額については全額，投資会社の持分に負担させなければならない。持分法適用会社の欠損のうち，持分比率により他の株主持分に割り当てられる額が当該株主の負担すべき額を超える場合には，上述のとおり当該超過額は，投資会社の損失として負担するが，その後，当該持分法適用会社に利益が計上されたときは，投資会社が負担した欠損が回収されるまで，その利益の金額を投資会社の持分に加算するものとする（持分法実務指針20項）。

投資会社の持分に負担させた関連会社の欠損は，連結貸借対照表上，「投資有価証券」勘定をゼロとした後は，当該関連会社に設備資金または運転資金等の貸付金等（営業債権であっても，支払期日延長を繰り返し実質的に運転資金等であるものを含む）がある場合には，投資の額を超える部分について当該貸付金等を減額する。債務超過持分相当額が投資および貸付金等の額を超える場合は，当該超過部分は「持分法適用に伴う負債」等適切な科目をもって負債の部に計上する。この処理は，関連会社ごとに行う（持分法実務指針21項）。

関連会社株式の売却等により当該会社が関連会社に該当しなくなった場合には，連結財務諸表上の当該会社の株式は個別貸借対照表上の帳簿価額をもって評価する（持分法会計基準15項）。

3 投資差額（のれん）の償却

投資会社の投資日における投資とこれに対応する被投資会社の資本との間に差額（投資差額）がある場合には，当該差額はのれんまたは負ののれんとし，のれんは投資に含めて処理される。のれんは，原則として，その計上後20年以内に，定額法その他合理的な方法により償却しなければならない。ただし，そ

の金額に重要性が乏しい場合には，のれんが生じた期の損益として処理することができる（持分法実務指針9項）。

　持分法の適用に当たっては，持分法の適用日において，持分法適用会社の資産および負債のうち，投資会社の持分に相当する部分を時価により評価しなければならない（部分時価評価法）。持分法適用会社の資産および負債の時価による評価額と当該資産および負債の個別貸借対照表上の金額との差額（評価差額）は，持分法適用会社の資本とする。なお，評価差額の計算は，個々の資産または負債ごとに行う。また，評価差額は，税効果会計の対象となる。関連会社の資産および負債のうち投資会社の持分に相当する部分については，株式の取得日ごとに当該日における時価により評価する方法によって評価する（持分法実務指針6項）。

　①　借方差額の場合

　　（借）持分法による投資損益　×××　　（貸）投　　　　　　　　資　×××

　②　貸方差額の場合

　　（借）投　　　　　　　　資　×××　　（貸）持分法による投資損益　×××

4　被投資会社の当期純損益の計上

　投資会社は，投資の日（持分法適用日）以降における持分法適用会社の利益または損失のうち投資会社の持分または負担に見合う額を算定して，投資の額を増額または減額し，当該増減額を「**持分法による投資損益**」として当期純利益の計算に含める（持分法実務指針10項）。

　①　当期純利益の場合

　　（借）投　　　　　　　　資　×××　　（貸）持分法による投資損益　×××

　②　当期純損失の場合

　　（借）持分法による投資損益　×××　　（貸）投　　　　　　　　資　×××

5　受取配当金の処理

　持分法適用会社から配当金を受取った場合には，当該配当金に相当する額を投資の額から減額する（持分法実務指針14項）。

（借）受　取　配　当　金　×××　（貸）投　　　　　　　資　×××

6　未実現損益の消去

　持分法の適用に当たっては，投資会社またはその連結子会社（連結会社）と持分法適用会社との間の取引に係る未実現損益を消去するための修正を行う。ただし，未実現損失については，売手側の帳簿価額のうち回収不能と認められる部分は，消去しないものとする。なお，未実現損益の金額に重要性が乏しい場合には，これを消去しないことができる（持分法実務指針11項）。

(1)　ダウン・ストリームの場合

　売手側である投資会社に生じた未実現損益は，買手側が非連結子会社である場合には全額消去し，関連会社である場合には原則として当該関連会社に対する投資会社の持分相当額（連結子会社の関連会社に売却した場合には，当該連結会社の持分相当額）を消去するが，状況から判断して他の株主の持分についても実質的に実現していないと判断される場合には全額消去する（持分法実務指針11項）。

　売手側である連結子会社に生じた未実現損益も，上記投資会社の場合と同様に処理する。この場合，消去した未実現損益のうち連結子会社の非支配株主持分に係る部分については，非支配株主に負担させることに留意する（持分法実務指針11項）。

　売手側である連結会社に生じた未実現損益の消去額は，売手側である連結会社の売上高等の損益項目と買手側である持分法適用会社に対する投資の額に加減する。ただし，利害関係者の判断を著しく誤らせない場合には，売上高等の損益項目に加減せずに，「持分法による投資損益」に加減することができる（持分法実務指針12項）。

① 原則処理

　（借）売　　上　　高　×××　（貸）投　　　　　資　×××

② 例外処理

　（借）持分法による投資損益　×××　（貸）投　　　　　資　×××

(2)　アップ・ストリームの場合

　持分法適用会社から連結会社に売却した場合の売手側である持分法適用会社に生じた未実現損益は，持分法適用会社に対する連結会社の持分相当額を消去する（持分法実務指針11項）。

　売手側である持分法適用会社に生じた未実現損益の連結会社の持分相当額は，「持分法による投資損益」と買手側である連結会社の未実現損益が含まれている資産の額に加減する。ただし，利害関係者の判断を著しく誤らせない場合には，資産の額に加減せずに，持分法適用会社に対する投資の額に加減することができる。また，持分法適用会社間の取引に係る未実現損益は，原則として「持分法による投資損益」と投資の額に加減することができる（持分法実務指針13項）。

① 原則処理

　（借）持分法による投資損益　×××　（貸）商　　　　　品　×××

② 例外処理

　（借）持分法による投資損益　×××　（貸）投　　　　　資　×××

例題8－1　次の取引を持分法によって仕訳しなさい。
1．P社は当期首にA社の発行済株式の25％を40,000円で取得し，代金は現金で支払った。取得時のA社の資本は，資本金100,000円，利益剰余金50,000円であった。
2．A社は，当期に純利益を100,000円計上した。
3．のれんは，当期より10年間にわたり定額法により償却する。

> 4．A社は，P社に商品を販売している。P社の期末棚卸資産に含まれる未実
> 現利益は30,000円であった。
> 5．A社は，剰余金の配当として50,000円を支払った。

《解答》（単位：円）

1．（借）　A　社　株　式　　40,000　　（貸）　現　　　　　　　　金　40,000
2．（借）　A　社　株　式　　25,000　　（貸）　持分法による投資損益　25,000
3．（借）　持分法による投資損益　　250　　（貸）　A　社　株　式　　　250
4．（借）　持分法による投資損益　7,500　　（貸）　商　　　　　　　品　7,500
5．（借）　受　取　配　当　金　12,500　　（貸）　A　社　株　式　12,500

《解説》（単位：円）

1．のれんが2,500（＝40,000−（100,000＋50,000）×25％）生じるが，これを投資
（A社株式）の取得原価に算入する。A社株式の取得原価40,000は，A社の資本
（100,000＋50,000）×25％＝37,500と，のれん2,500の合計額から構成される。

2．A社が計上した純利益100,000円に対するP社の持分額25,000（＝100,000×25％）
を，A社株式の帳簿価額に加算する。

3．のれん2,500を10年で償却する。2,500÷10年＝250

4．アップ・ストリームの場合，未実現利益は持分比率に応じた分7,500（＝30,000×
25％）を負担する。利害関係者の判断を著しく誤らせない場合には，貸方の勘定
科目は「A社株式」でもよい。

5．A社から配当を受領した場合には，それに対する持分額12,500（＝50,000×25％）
を，A社株式の帳簿価額から減算する。

P社の投資	関連会社の資本 親会社持分 25%	
関連会社株式 40,000	2,500	の れ ん　2,500
	25,000	資 本 金　100,000
	12,500	利益剰余金　50,000

7　持分法に係る税効果会計

　親会社と持分法適用会社との間の資産売買によって生じた未実現利益について税効果会計を適用する場合，売手側において税効果を認識する。

(1)　ダウン・ストリームの場合

　親会社が売手側となって発生した未実現利益の消去に係る一時差異は，親会社に帰属するものとして税効果を認識する。当該将来減算一時差異の額については，売手側である親会社の売却年度の課税所得額を超えていないことを確かめる。また，未実現損失についても同様に処理するが，その将来加算一時差異の額は，売手側である連結会社の当該未実現損失に係る損金を計上する前の課税所得を超えてはならない（持分法実務指針26項）。

> **例題8－2**　P社は，A社株式の20％を所有し持分法を適用している。P社は，当期にA社に対して商品10,000千円（原価7,000千円）を販売したが，A社は当期末現在この商品を所有している。連結財務諸表を作成するにあたっての修正仕訳を示しなさい。なお，法人税等の法定実効税率を30％として税効果会計を適用する。

《解答》　（単位：千円）

(借)	売　上　高	600*1	(貸)	A　社　株　式	600
(借)	繰延税金資産	180*2	(貸)	法人税等調整額	180

*1　(10,000－7,000)×20％＝600
　注：利害関係者の判断を著しく誤らせない場合には，借方の勘定科目は「持分法による投資損益」でもよい。
*2　600×30％＝180

(2)　アップ・ストリームの場合

　持分法適用会社が売手側となって発生した未実現利益の消去に係る一時差異については，売却元で繰延税金資産を計上するものとしているので，持分法適用会社に帰属するものとして扱うことになる。したがって，この一時差異については，持分法適用会社の貸借対照表上，繰延税金資産を計上することとなる

が, 当該一時差異の額については, 売却元である持分法適用会社の売却年度の課税所得額を超えてはならない。また, 未実現損失についても同様に処理するが, 当該未実現損失の消去に係る一時差異の額は, 売却元である持分法適用会社の当該未実現損失に係る損金を計上する前の課税所得を超えてはならない(持分法実務指針25項)。

例題8-3 P社は, A社株式の20%を所有し持分法を適用している。A社は, 当期にP社に対して商品10,000千円(原価9,000千円)を販売した。P社は当期末現在この商品を所有している。連結財務諸表を作成するにあたっての修正仕訳を示しなさい。なお, 法人税等の法定実効税率を30%として税効果会計を適用する。

《解答》(単位:千円)

(借) 持分法による投資損益 200 (貸) 商 品 200*1
(借) A 社 株 式 60*2 (貸) 持分法による投資損益 60

*1 (10,000-9,000)×20%=200
注:利害関係者の判断を著しく誤らせない場合には, 貸方の勘定科目は「A社株式」でもよい。
*2 200×30%=60

例題8-4 P社は, 関連会社であるA社に持分法を適用している。次の[資料]に基づいて, P社の当期末(×2年3月31日)における, A社株式の持分法による評価額を求めなさい。決算日はP社およびA社ともに3月31日である。なお, P社はA社株式を売却する予定はなく, 税効果会計を適用する旨の指示がある場合の法人税等の実効税率は30%とする。

[資料]
1. P社は, 前期末(×1年3月31日)に, A社の発行済株式の20%を1,550千円で取得し関連会社とした。取得時におけるA社の貸借対照表は, 次のとおりであった。

	貸借対照表		（単位：千円）
諸　資　産	15,000	諸　負　債	8,000
		資　本　金	4,000
		資本剰余金	1,000
		利益剰余金	2,000
	15,000		15,000

（注1）　諸資産のうち土地の簿価は2,200千円，時価は2,700千円であった。その他の資産および負債については，簿価と時価との間に乖離は認められなかった。土地の評価差額については税効果会計を適用する。

（注2）　のれんについては，当期から10年間にわたって毎期均等額ずつ償却する。

2．A社の当期（×1年4月1日～×2年3月31日）における当期純利益は800千円であった。なお，A社は当期において剰余金の配当を実施しなかった。

3．A社は，当期よりP社に対し商品の販売を開始し，P社に対する当期中の売上高は3,400千円であった。このうち250千円がP社の期末商品棚卸高に含まれている。A社のP社に対する商品販売に係る売上総利益率は30％である。未実現利益は，それが含まれているP社の資産の額に加減し，税効果会計を適用するものとする。

（平成16年公認会計士第2次試験短答式問題の一部変更）

《解答》

　1,706.5千円

《解説》（単位：千円）

1．A社株式の取得

　（借）A　社　株　式　1,550　（貸）現　金　預　金　1,550

2．投資差額（のれん）の償却

　（借）持分法による投資損益　8[*1]　（貸）A　社　株　式　8

　　*1　投資額1,550－A社資本（資本金4,000＋資本剰余金1,000＋利益剰余金2,000＋評価差額（2,700－2,200）－500×30％）×20％＝のれん80。80÷10年＝8

3．関連会社当期純利益に対する持分の変動

　（借）A　社　株　式　160[*2]　（貸）持分法による投資損益　160

　　*2　関連会社当期純利益800×持分比率20％＝160

4．未実現利益の消去

（借）持分法による投資損益　　15*³　（貸）商　　　　　　品　　　15
（借）Ａ　社　株　式　　　4.5*⁴　（貸）持分法による投資損益　　4.5

＊３　期末商品250×売上総利益率30％×持分比率20％＝未実現利益15
＊４　未実現利益15×税率30％＝4.5

以上の仕訳より，A社株式の持分法における評価額は，1,550 − 8 ＋ 160 ＋ 4.5 ＝ 1,706.5
となる。

P社の投資	A社の資本 親会社持分 20％		
A社株式 1,550	80	のれん	80
	70	評価差額	350
	1,400	株主資本	7,000

8　持分法から連結への移行に係る会計処理

　関連会社に対する持分比率が増加し，関連会社が子会社となった場合には連結対象となる。この場合の投資と資本の相殺消去は，段階取得による資本連結を行う。段階取得における子会社に対する投資の金額は，連結財務諸表上，支配獲得日における時価で算定される。この結果，連結財務諸表において，支配獲得日における時価と支配を獲得するに至った個々の取引ごとの原価の合計額との差額は，当期の段階取得に係る損益として処理される。

> **例題8−5**　次の［資料Ⅰ］〜［資料Ⅲ］に基づいて，①×4年度末に作成された連結貸借対照表におけるS社株式の金額，②×5年度末に作成される連結損益計算書における持分法投資利益の金額，③×5年度末に作成される連結貸借対照表における非支配株主持分の金額を求めなさい。
>
> ［資料Ⅰ］
> (1) P社は，×3年度末（×4年3月31日）にS社の発行済株式総数の30％を5,400百万円で取得し，持分法適用会社とした。さらに，P社は，×5年度末

(×6年3月31日)にS社の発行済株式総数の30％を7,200百万円で追加取得
し，S社の支配を獲得した。

(2) S社は，×5年度に当期純利益1,980百万円を計上し，剰余金の配当1,200
百万円を行っており，そのうちP社に対する配当は360百万円であった。なお，
S社が，×4年度には剰余金の配当は行っていなかった。

(3) S社は，土地以外の資産および負債には，時価評価による重要な簿価修正
額はなく，また，×3年度末から×5年度末の間，土地の簿価に変動はない。

(4) のれんは，発生した年度の翌年度から10年間にわたり定額法により償却す
る。

(5) 税効果会計は考慮しない。

[資料Ⅱ] S社の資本の推移

	資本金	利益剰余金
×4年3月31日	10,000百万円	6,000百万円
×5年3月31日	10,000百万円	7,320百万円
×6年3月31日	10,000百万円	8,100百万円

[資料Ⅲ] S社の土地の簿価および時価の推移

	簿　価	時　価
×4年3月31日	5,800百万円	6,400百万円
×6年3月31日	5,800百万円	6,800百万円

(平成28年第Ⅱ回公認会計士試験短答式問題の一部変更)

《解答》

①5,754百万円，②552百万円，③7,640百万円

《解説》 （単位：百万円）

1．×3年度末（×4年3月31日）

① S社株式の取得

（借）S　社　株　式　5,400　（貸）現　金　預　金　5,400

2．×4年度（×4年4月1日～×5年3月31日）

① S社当期純利益に対する持分の変動

（借）S　社　株　式　396*1　（貸）利益剰余金当期首残高　396

＊1　利益剰余金の増加額（7,320－6,000）×持分比率30％＝396

② のれんの償却

(借) 利益剰余金当期首残高 42*2 (貸) S 社 株 式 42

* 2 投資額5,400 − S社資本（10,000 + 6,000 + 600）× 30% = 420
のれん420 ÷ 10年 = 42

3．× 5 年度（× 5 年 4 月 1 日〜× 6 年 3 月31日）

① S社当期純利益に対する持分の変動

(借) S 社 株 式 594*3 (貸) 持分法による投資損益 594

* 3 1,980 × 30% = 594

② のれんの償却

(借) 持分法による投資損益 42 (貸) S 社 株 式 42

③ 剰余金の配当の修正

(借) 受 取 配 当 金 360*4 (貸) S 社 株 式 360

* 4 1,200 × 30% = 360

④ S社株式の追加取得

(借) S 社 株 式 1,254 (貸) 段階取得に係る損益 1,254*5

* 5 7,200 ÷ 30% × 60% − （5,400 + 396 − 42 + 594 − 42 − 360 + 7,200）= 1,254

⑤ 土地に係る評価差額の計上（× 6 年 3 月31日）

(借) 土 地 1,000 (貸) 評 価 差 額 1,000*6

* 6 6,800 − 5,800 = 1,000

⑥ 投資と資本の相殺消去（× 6 年 3 月31日）

(借) 資 本 金 10,000 (貸) S 社 株 式 14,400*7
　　 利 益 剰 余 金 8,100 　　 非 支 配 株 主 持 分 7,640*8
　　 評 価 差 額 1,000
　　 の れ ん 2,940

* 7 7,200 ÷ 30% × 60% = 14,400

＊8　S社の資本（10,000 + 8,100 + 1,000）×40％ = 7,640

♦ Training ♦

【問題8－1】　持分法に関する次のア〜オの記述のうち，誤っているものが2つある。その記号の組み合わせを1つ選びなさい。

ア．連結財務諸表上，持分法による投資損益は，特別利益または特別損失の区分に一括して表示する。

イ．会社更生法の規定による更生手続開始の決定を受けた株式会社であって，かつ，当該企業の財務および営業または事業の方針の決定に対して重要な影響を与えることができないと認められる企業である場合には，関連会社に該当しない。

ウ．売手側である投資会社に生じた未実現損益は，買手側が関連会社の場合，未実現損益のうち第三者の持分部分については実現したものと考えられることから，原則として当該未実現損益のうち当該関連会社に対する投資会社の持分相当額についてのみ消去する。

エ．関連会社に対する投資の売却等により被投資会社が関連会社に該当しなくなった場合には，連結財務諸表上，残存する当該被投資会社に対する投資は時価によって評価する。

オ．関連会社が株式の段階取得により連結子会社となった場合，持分法適用時における評価差額は，部分時価評価法により会計処理するが，支配獲得時に時価評価をやり直す必要がある。

1．アウ　　2．アエ　　3．イウ　　4．イオ　　5．エオ

(☞解答はp.187)

【問題8－2】　次の［資料Ⅰ］〜［資料Ⅲ］に基づき，×2年3月期に計上される持分法による投資利益の金額を求めなさい。

［資料Ⅰ］
1．持分比率30％は持分法適用会社として処理する。
2．P社およびS社の会計期間は，ともに4月1日から3月31日までとする。
3．S社の発行済株式総数は10,000株である。

4．S社の土地以外の資産および負債には，時価評価による重要な簿価修正はない。

5．P社とS社間の取引はない。

6．P社とS社ともに，剰余金からの社外流出は行われていない。

7．のれんは，認識された翌期から10年間にわたって均等償却する。

8．S社の資産および負債の時価評価による簿価修正額についてのみ税効果を認識する。なお，法定実効税率は30％とする。

9．千円未満に端数が生じる場合は，四捨五入する。

[資料Ⅱ]

1．×1年3月31日に，P社はS社株式3,000株を21,000千円で取得した。

2．×1年3月31日におけるP社およびS社の貸借対照表は，次のとおりである。

貸借対照表

×1年3月31日　　　　　（単位：千円）

資　　産	P社	S社	負債・純資産	P社	S社
諸　資　産	250,000	80,000	諸　負　債	100,000	20,000
			資　本　金	100,000	50,000
			利 益 剰 余 金	50,000	10,000
合　　計	250,000	80,000	合　　計	250,000	80,000

（注）S社の資産のうち，土地の簿価は32,000千円，時価は35,000千円である。

[資料Ⅲ]

1．×2年3月31日に，P社はS社株式3,500株を28,000千円で追加取得した。

2．×2年3月31日におけるP社およびS社の貸借対照表は，次のとおりである。

貸借対照表

×2年3月31日　　　　　（単位：千円）

資　　産	P社	S社	負債・純資産	P社	S社
諸　資　産	252,000	85,000	諸　負　債	100,000	20,000
			資　本　金	100,000	50,000
			利 益 剰 余 金	52,000	15,000
合　　計	252,000	85,000	合　　計	252,000	85,000

（注）S社の資産のうち，土地の簿価は32,000千円，時価は36,000千円である。

（平成25年第Ⅰ回公認会計士試験短答式問題の一部変更）

（☞解答はp.187）

【問題8－3】　持分法は個別財務諸表にも適用すべきだという主張がありますが，あなたはこれに賛成ですか，反対ですか。その理由について説明しなさい。

（平成元年公認会計士第二次試験論文式問題の一部変更）

（☞解答はp.187）

連結財務諸表の作成

連結精算表

　連結財務諸表は，親会社および子会社の個別財務諸表を基礎にして，連結決算手続を行うことにより作成される。連結精算表は，親会社および子会社の個別財務諸表から連結修正仕訳を行い，連結財務諸表を作成するプロセスを一覧表にしたものである。

　連結精算表を作成するために必要な修正仕訳のうち，まず最初に行われるのが開始仕訳である。開始仕訳は前期までに行われた連結修正仕訳を当期に引き継ぐための仕訳である。前期までに行われた連結修正仕訳で，純資産の当期首残高に影響を与えるものは，開始仕訳では資本金当期首残高，資本剰余金当期首残高，利益剰余金当期首残高，非支配株主持分当期首残高として引き継がれる。

　連結修正仕訳には，次のようなものがある。

① 評価差額の計上
② 投資と資本の相殺消去
③ のれんの償却
④ 非支配株主に帰属する当期純利益の計上
⑤ 剰余金の配当の修正
⑥ 連結会社相互間取引高の相殺
⑦ 債権・債務の相殺消去
⑧ 収益・費用の相殺消去
⑨ 未実現利益の消去
⑩ 貸倒引当金の修正

2　連結精算表の作成手順

連結精算表は，次のような手順で作成される。

①　連結修正仕訳への記入

開始仕訳を含む連結修正仕訳を連結修正仕訳欄に記入する。

②　連結修正仕訳欄の各計算書の残高の振替

損益計算書では，借方と貸方の差額を「親会社株主に帰属する当期純利益」の行に金額を記入するとともに，株主資本等変動計算書の「親会社株主に帰属する当期純利益」に同額を記入する。株主資本等変動計算書の資本金，資本剰余金，利益剰余金，非支配株主持分の当期期末残高を貸借差額から求め，同額を貸借対照表の純資産の部に記入する。

③　連結財務諸表の作成

親会社および子会社の個別財務諸表の各勘定科目の金額と連結修正仕訳欄の金額を合算して，連結財務諸表を作成する。

連結損益計算書の「親会社株主に帰属する当期純利益」と株主資本等変動計算書の「親会社株主に帰属する当期純利益」の金額，株主資本等変動計算書の資本金，資本剰余金，利益剰余金，非支配株主持分のそれぞれの当期末残高が，連結貸借対照表の純資産の部の金額と一致することを確認する。

Column8　**親会社持分と非支配株主持分**

　親会社の株主は，親会社および子会社における資本に対する請求権を有しているが，非支配株主は，子会社における資本に対する請求権を有しているにすぎないため，親会社の株主と非支配株主とではリスクおよびリターンは大きく異なり，親会社株主持分と非支配株主持分は同等ではない（「企業結合会計の見直しに関する論点の整理」17項）。

　したがって，連結貸借対照表において，親会社の株主持分と非支配株主持分は区別して表示され，連結損益計算書においても親会社株主に帰属する当期純利益と非支配株主に帰属する当期純利益は区別して表示される。

図表9−1 連結精算表の作成手順

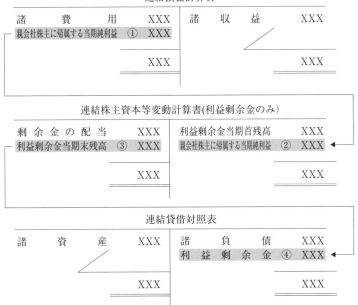

(注) ①〜④は作成順序を示している。
① 連結損益計算書において，収益と費用の差額から，「親会社株主に帰属する当期純利益」を求める。
② 連結損益計算書における「親会社株主に帰属する当期純利益」を連結株主資本等変動計算書に振り替える。
③ 連結株主資本等変動計算書において，「利益剰余金当期首残高」に「親会社株主に帰属する当期純利益」を加算し，「剰余金の配当」を差し引いて，「利益剰余金当期末残高」を求める。
④ 連結株主資本等変動計算書における「利益剰余金当期末残高」を連結貸借対照表に振り替える。

3 連結財務諸表の作成

　本節では，親会社・子会社の個別財務諸表および連結修正事項に基づいて連結財務諸表を作成する。

例題9－1　P社の連結財務諸表作成に関する次の＜前提条件および共通資料＞，［資料Ⅰ］および［資料Ⅱ］に基づき，当期（×５年４月１日～×６年３月31日）の連結貸借対照表，連結損益計算書および連結株主資本等変動計算書を作成しなさい。

＜前提条件および共通資料＞

１．P社およびS社の会計期間は，いずれも３月31日を決算日とする１年である。

２．P社，S社の間には，［資料Ⅰ］，［資料Ⅱ］に示されたもの以外の取引関係はない。

３．S社は，土地以外の資産および負債には，時価評価による重要な簿価修正額はなく，また，×３年度末から×５年度末の間，土地の簿価に変動はない。

４．のれんは，発生した年度の翌年度から10年間にわたり定額法により償却する。

５．税効果会計は考慮しない。

［資料Ⅰ］

１．P社は，×３年度末にS社（×３年度末における純資産の内訳は，資本金15,000百万円，利益剰余金10,200百万円である）の発行済株式総数の60％を16,600百万円で取得し，S社の支配を獲得した。

２．×３年度末と×５年度末におけるS社の土地の時価は，それぞれ13,950百万円と14,550百万円であった。

３．S社は，×４年度よりP社へ商品の一部を掛けで販売している。なお，S社からP社への商品販売においては，毎期，原価に20％の利益が加算されている。

４．×５年度におけるS社からP社への売上高は24,000百万円であった。

５．P社の商品棚卸高に含まれているS社からの仕入分は次のとおりである。

　　×４年度末　1,500百万円　×５年度末　1,800百万円

６．S社の売掛金残高のうちP社に対するものは次のとおりである。

　　×４年度末　3,500百万円　×５年度末　5,000百万円

７．S社は，毎期，売掛金の期末残高に対して２％の貸倒引当金を計上している。

８．S社は，×５年度に剰余金の配当3,000百万円を行っており，そのうちP社に対する配当は1,800百万円であった。なお，S社は，×４年度には剰余金の配当を行っていなかった。

[資料Ⅱ]　P社およびS社の×5年度の個別財務諸表

• 貸借対照表（×6年3月31日現在）　　　　　　（単位：百万円）

	P社	S社
現金及び預金	24,700	9,180
売掛金	19,000	16,500
貸倒引当金	△380	△330
商品	6,500	7,800
土地	19,100	12,750
投資有価証券	8,240	－
S社株式	16,600	－
資産合計	93,760	45,900
買掛金	14,500	4,700
借入金	18,000	11,300
未払法人税等	3,660	1,820
負債合計	36,160	17,820
資本金	35,000	15,000
利益剰余金	22,600	13,080
純資産合計	57,600	28,080
負債及び純資産合計	93,760	45,900

• 損益計算書（自×5年4月1日　至×6年3月31日）　（単位：百万円）

	P社	S社
売上高	52,000	39,000
売上原価	35,000	27,500
売上総利益	17,000	11,500
販売費及び一般管理費	7,800	3,680
営業利益	9,200	7,820
受取利息	200	100
受取配当金	4,000	－
支払利息	660	380
税引前当期純利益	12,740	7,540
法人税等	5,820	2,880
当期純利益	6,920	4,660

• 株主資本等変動計算書（自×5年4月1日　至×6年3月31日）　（単位：百万円）

	P社	S社
資本金		
当期首残高	35,000	15,000
当期末残高	35,000	15,000
利益剰余金		
当期首残高	20,180	11,420
当期変動額		
剰余金の配当	△4,500	△3,000
当期純利益	6,920	4,660
当期末残高	22,600	13,080

（平成28年第Ⅱ回公認会計士試験短答式問題の一部変更）

《解答》　（単位：百万円）

• 連結貸借対照表
（×6年3月31日現在）

現金及び預金	33,880
売掛金	30,500
貸倒引当金	△610
商品	14,000
土地	33,050
のれん	608
投資有価証券	8,240
資産合計	119,668
買掛金	14,200
借入金	29,300
未払法人税等	5,480
負債合計	48,980
資本金	35,000
利益剰余金	24,056
非支配株主持分	11,632
純資産合計	70,688
負債及び純資産合計	119,668

• 連結損益計算書
（自×5年4月1日　至×6年3月31日）

売上高	67,000
売上原価	38,550
売上総利益	28,450
販売費及び一般管理費	11,526
営業利益	16,924
受取利息	300
受取配当金	2,200
支払利息	1,040
税金等調整前当期純利益	18,384
法人税等	8,700
当期純利益	9,684
非支配株主に帰属する当期純利益	1,856
親会社株主に帰属する当期純利益	7,828

- 連結株主資本等変動計算書（自×5年4月1日　至×6年3月31日）

資本金

当期首残高	35,000
当期末残高	35,000

利益剰余金

当期首残高	20,728
当期変動額	
剰余金の配当	△4,500
親会社株主に帰属する当期純利益	7,828
当期末残高	24,056

非支配株主持分

当期首残高	10,976
当期変動額	656
当期末残高	11,632

《解説》 （単位：百万円）

1．×3年度末（×4年3月31日）

- 土地に係る評価差額の計上

（借）土　　　　　地　1,200　（貸）評　価　差　額　1,200*1

　　*1　評価差額：時価13,950 − 簿価12,750 = 1,200

- 投資と資本の相殺消去

（借）資本金当期首残高　15,000　（貸）Ｓ　社　株　式　16,600
　　　利益剰余金当期首残高　10,200　　　非支配株主持分当期首残高　10,560
　　　評　価　差　額　1,200
　　　の　　れ　　ん　　760

2．×4年度（×4年4月1日〜×5年3月31日）

- のれんの償却

（借）利益剰余金当期首残高　76*2　（貸）の　　れ　　ん　　76

　　*2　760 ÷ 10年 = 76

・非支配株主に帰属する当期純利益の計上

| （借）利益剰余金当期首残高 | 488 | （貸）非支配株主持分当期首残高 | 488*3 |

*3 利益剰余金増加高：$(11,420 - 10,200) \times 40\% = 488$

3．×5年度（×5年4月1日～×6年3月31日）

① 開始仕訳

（借）土　　地	1,200	（貸）評　価　差　額	1,200
（借）資本金当期首残高	15,000	（貸）S　社　株　式	16,600
利益剰余金当期首残高	10,764	非支配株主持分当期首残高	11,048
評　価　差　額	1,200		
の　れ　ん	684		

② のれんの償却

| （借）の れ ん 償 却 | 76 | （貸）の　れ　ん | 76 |
| （販売費及び一般管理費） | | | |

③ 非支配株主に帰属する当期純利益の計上

| （借）非支配株主に帰属する当期純利益 | 1,864 | （貸）非支配株主持分当期変動額 | 1,864*4 |

*4 S社当期純利益$4,660 \times 40\% = 1,864$

④ 剰余金の配当の修正

| （借）受 取 配 当 金 | 1,800 | （貸）剰 余 金 の 配 当 | 3,000 |
| 非支配株主持分当期変動額 | 1,200 | | |

⑤ 連結会社相互間取引高の相殺消去

| （借）売　上　高 | 24,000 | （貸）売 上 原 価 | 24,000 |

⑥ 期首商品に含まれる未実現利益の消去
（開始仕訳）

| （借）利益剰余金当期首残高 | 250*5 | （貸）商　　品 | 250 |
| （借）非支配株主持分当期首残高 | 100 | （貸）利益剰余金当期首残高 | 100 |

　　＊5　期首商品1,500×0.2/1.2＝250

（実現仕訳）

（借）商　　　　　品	250		（貸）売　上　原　価	250
（借）非 支 配 株 主 に 帰 属 　　　する 当 期 純 利 益	100		（貸）非支配株主持分当期変動額	100

以上をまとめると，次のようになる。

（借）利益剰余金当期首残高	250	（貸）売　　上　　原　　価	250
非支配株主持分当期首残高	100	利益剰余金当期首残高	100
非支配株主に帰属する 　　　当　期　純　利　益	100	非 支 配 株 主 持 分 　　　当　期　変　動　額	100

⑦　期末商品に含まれる未実現利益の消去

（借）売　上　原　価	300＊6	（貸）商　　　　　品	300
（借）非支配株主持分当期変動額	120	（貸）非 支 配 株 主 に 帰 属 　　　する 当 期 純 利 益	120

　　＊6　期末商品1,800×0.2/1.2＝300
　　　　　300×0.4＝120

⑧　売掛金・買掛金の相殺消去

（借）買　　掛　　金	5,000	（貸）売　　掛　　金	5,000

⑨　貸倒引当金（前期分）の修正
（開始仕訳）

（借）貸 倒 引 当 金	70	（貸）利益剰余金当期首残高	70＊7
（借）利益剰余金当期首残高	28	（貸）非支配株主持分当期首残高	28＊8

　　＊7　3,500×2％＝70
　　＊8　70×40％＝28

（実現仕訳）

（借）貸 倒 引 当 金 繰 入	70	（貸）貸 倒 引 当 金	70
（借）非 支 配 株 主 持 分 当 期 変 動 額	28	（貸）非 支 配 株 主 に 帰 属 す る 当 期 純 利 益	28

以上をまとめると，次のようになる。

（借）貸 倒 引 当 金 繰 入 （販売費及び一般管理費）	70	（貸）利益剰余金当期首残高	70
（借）利益剰余金当期首残高	28	（貸）非支配株主持分当期首残高	28
（借）非 支 配 株 主 持 分 当 期 変 動 額	28	（貸）非 支 配 株 主 に 帰 属 す る 当 期 純 利 益	28

⑩ 貸倒引当金（当期分）の修正

（借）貸 倒 引 当 金	100	（貸）貸 倒 引 当 金 繰 入 （販売費及び一般管理費）	100*9
（借）非 支 配 株 主 に 帰 属 す る 当 期 純 利 益	40	（貸）非支配株主持分当期変動額	40*10

*9 $5,000 \times 2\% = 100$
*10 $100 \times 40\% = 40$

連結精算表
X5年4月1日～×6年3月31日
（単位：百万円）

勘定科目	P社		S社		連結修正仕訳		連結財務諸表	
	借方	貸方	借方	貸方	借方	貸方	借方	貸方
［貸借対照表］								
現金及び預金	24,700		9,180				33,880	
売掛金	19,000		16,500			⑧ 5,000	30,500	
商品	6,500		7,800			⑦ 300	14,000	
土地	19,100		12,750		① 1,200		33,050	
のれん					① 684	② 76	608	
投資有価証券	8,240						8,240	
S社株式	16,600					① 16,600		
買掛金		14,500		4,700	⑧ 5,000			14,200
借入金		18,000		11,300				29,300
未払法人税等		3,660		1,820				5,480
貸倒引当金		380		330	⑩ 100			610

資本金		35,000		15,000	15,000			35,000
利益剰余金		22,600		13,080	11,624			24,056
評価差額					① 1,200	① 1,200		
非支配株主持分						11,632		11,632
	94,140	94,140	46,230	46,230	34,808	34,808	120,278	120,278
[損益計算書]								
売上高		52,000		39,000	⑤ 24,000			67,000
受取利息		200		100				300
受取配当金		4,000			④ 1,800			2,200
売上原価	35,000		27,500		⑦ 300	⑤ 24,000	38,550	
						⑥ 250		
販売費及び一般管理費	7,800		3,680		② 76	⑩ 100	11,526	
					⑨ 70			
支払利息	660		380				1,040	
法人税等	5,820		2,880				8,700	
非支配株主に帰属する当期純利益					③ 1,864	⑦ 120	1,856	
					⑥ 100	⑨ 28		
					⑩ 40			
親会社株主に帰属する当期純利益	6,920		4,660			3,752	7,828	
	56,200	56,200	39,100	39,100	28,250	28,250	69,500	69,500
[株主資本等変動計算書]								
資本金当期首残高		35,000		15,000	① 15,000			35,000
資本金当期末残高	35,000		15,000			15,000	35,000	
	35,000	35,000	15,000	15,000	15,000	15,000	35,000	35,000
利益剰余金当期首残高		20,180		11,420	① 10,764	⑥ 100		20,728
					⑥ 250	⑨ 70		
					⑨ 28			
親会社株主に帰属する当期純利益		6,920		4,660	3,752			7,828
剰余金の配当	4,500		3,000			④ 3,000	4,500	
利益剰余金当期末残高	22,600		13,080			11,624	24,056	
	27,100	27,100	16,080	16,080	14,794	14,794	28,556	28,556
非支配株主持分当期首残高					⑥ 100	① 11,048		① 10,976
					⑨ 28			
非支配株主持分当期変動額					④ 1,200	③ 1,864		656
					⑦ 120	⑥ 100		
					⑨ 28	⑩ 40		
非支配株主持分当期末残高						11,632		11,632
					13,080	13,080	11,632	11,632

◆ **Training** ◆

【問題9－1】 連結財務諸表に関する次のア～オの記述のうち，誤っているものが1つある。その記号の番号を1つ選びなさい。

ア．連結財務諸表では，親会社と原則としてすべての子会社が連結の範囲に含められる。

イ．連結貸借対照表上，当期に発生した「負ののれん」は計上されない。

ウ．連結損益計算書では，当期純利益は親会社株主に帰属する当期純利益を表している。

エ．連結損益計算書では，当期純利益の内訳として，親会社株主に係る分と非支配株主に係る分とが区分表示されている。

オ．連結株主資本等変動計算書では，子会社から親会社への配当額を知ることはできない。

1．ア　　2．イ　　3．ウ　　4．エ　　5．オ

(平成23年第Ⅱ回公認会計士試験短答式問題の一部変更)

(☞解答はp.187)

【問題9－2】 P社は，×0年12月31日にS社株式の60％を3,500百万円で取得し，S社を連結子会社とした。次の[資料Ⅰ]および[資料Ⅱ]に基づき，当期（×1年1月1日～×1年12月31日）の連結貸借対照表，連結損益計算書，連結包括利益計算書および連結株主資本等変動計算書を作成しなさい。

P社およびS社の会計期間は，いずれも1月1日から12月31日までである。P社およびS社の法定実効税率は30％であり，繰延税金資産の回収可能性は常にあるものとする。「その他の包括利益」の内訳項目は税効果会計調整後の金額で表示する。

[資料Ⅰ] P社およびS社の貸借対照表および損益計算書に関する資料

(1) その他有価証券の時価情報は，以下のとおりである。その他有価証券評価差額金は，部分純資産直入法で処理するが，×0年度および×1年度ともに未処理である。

(単位：百万円)

	×0/12/31	×1/12/31
P社	11,300	10,800
S社	4,000	3,500

(2)　貸借対照表

（単位：百万円）

	P社		S社	
資産の部	×0/12/31	×1/12/31	×0/12/31	×1/12/31
現金及び預金	5,000	（　　　）	3,400	（　　　）
売掛金	3,500	4,500	－	1,500
貸倒引当金	－	－	－	△200
商品	2,000	2,500	－	2,000
土地	5,000	5,000	2,000	2,000
その他有価証券	10,000	9,000	4,000	3,000
S社株式	3,500	3,500	－	－
資産合計	29,000	（　　　）	9,400	（　　　）
負債の部	×0/12/31	×1/12/31	×0/12/31	×1/12/31
買掛金	3,000	4,000	－	2,400
短期借入金	15,000	14,000	4,400	3,500
繰延税金負債	－	（　　　）	－	（　　　）
負債合計	18,000	（　　　）	4,400	（　　　）
純資産の部				
株主資本				
資本金	8,000	8,000	3,000	3,000
利益剰余金	3,000	（　　　）	2,000	（　　　）
株主資本合計	11,000	（　　　）	5,000	（　　　）
その他の包括利益累計額	－	（　　　）	－	（　　　）
純資産合計	11,000	（　　　）	5,000	（　　　）
負債及び純資産合計	29,000	（　　　）	9,400	（　　　）

注　（　　　）には，適切な金額を計算してあてはめる。
　　△は，マイナスを示す。

(3) 損益計算書

(単位：百万円)

	P社 ×1/1/1～×1/12/31	S社 ×1/1/1/～×1/12/31
売上高	30,000	20,000
売上原価	19,500	12,000
売上総利益	10,500	8,000
販売費及び一般管理費	6,000	4,700
営業利益	4,500	3,300
営業外収益		
受取配当金	180	－
受取利息	400	300
営業外費用		
支払利息	300	200
経常利益	4,780	3,400
特別利益		
その他有価証券売却益	100	100
税引前当期純利益	4,880	3,500
法人税等	1,952	1,400
当期純利益	2,928	2,100

• 株主資本等変動計算書

(単位：百万円)

	P社 ×1/1/1～×1/12/31	S社 ×1/1/1/～×1/12/31
資本金		
当期首残高	8,000	3,000
当期末残高	8,000	3,000
利益剰余金		
当期首残高	3,000	2,000
当期変動額		
剰余金の配当	(　　　　)	(　　　　)
当期純利益	2,928	2,100
当期末残高	(　　　　)	(　　　　)

[資料Ⅱ] 連結財務諸表の作成に必要な資料

1．S社の土地の時価は，×0年12月31日において2,500百万円であった。各年度における土地以外の資産および負債には，[資料Ⅰ]に示したその他有価証券以外に時価評価による重要な簿価修正額はない。

2．のれんは，計上した翌年度より5年で償却する。

3．P社は，×1年度より商品の原価に25％の利益を上乗せして，S社に販売している。

4．S社は，×1年度よりすべての商品をP社から購入しており，それ以外の親子間取引はない。S社の買掛金勘定は，すべてP社に対するものである。

5．S社は，×1年度に剰余金の配当300百万円を支払っており，P社の受取配当金180百万円は，全額，S社からのものである。これは，すでに[資料Ⅰ]に反映済みである。

（解答欄）

• 連結貸借対照表

（×1年12月31日現在）

（単位：百万円）

現金及び預金

売掛金

　貸倒引当金

商品

土地

のれん

その他有価証券　_____

繰延税金資産

　資産合計　_____

買掛金

短期借入金

繰延税金負債　_____

　負債合計　_____

資本金

利益剰余金

その他有価証券評価差額金

非支配株主持分　_____

　純資産合計　_____

　負債及び純資産合計　_____

- 連結損益計算書

（自×1年1月1日　至×1年12月31日）

（単位：百万円）

売上高

売上原価

　売上総利益 ————————

販売費及び一般管理費

のれん償却

　営業利益 ————————

受取利息

支払利息

　経常利益 ————————

その他有価証券売却益 ————————

　税金等調整前当期純利益

法人税等

法人税等調整額

　当期純利益 ————————

　非支配株主に帰属する当期純利益 ————————

　親会社株主に帰属する当期純利益 ════════

- 連結包括利益計算書

（自×1年1月1日　至×1年12月31日）

（単位：百万円）

当期純利益

その他の包括利益：

　その他有価証券評価差額金 ————————

包括利益 ════════

（内訳）

親会社株主に係る包括利益

非支配株主に係る包括利益

• 連結株主資本等変動計算書

（自×1年1月1日　至×1年12月31日）

（単位：百万円）

資本金

　当期首残高　　　　　　　　　_____

　当期末残高　　　　　　　　　_____

利益剰余金

　当期首残高

　当期変動額

　　親会社株主に帰属する当期純利益　_____

　当期末残高　　　　　　　　　_____

その他の包括利益累計額

　当期首残高

　当期変動額

　当期末残高　　　　　　　　　_____

非支配株主持分

　当期首残高

　当期変動額

　当期末残高　　　　　　　　　_____

（平成27年第Ⅱ回公認会計士試験短答式試験問題の一部変更）

（☞解答はp.188）

【問題9－3】　非支配株主持分が親会社持分と区分して表示される理由を述べなさい。

（☞解答はp.189）

連結キャッシュ・フロー計算書

1 連結キャッシュ・フロー計算書の意義

　連結キャッシュ・フロー計算書（Consolidated Statement of Cash Flow）は，一会計期間における企業集団全体のキャッシュ・フローの状況を明らかにするものである。キャッシュ・インフローとキャッシュ・アウトフローを把握することにより，資金がどのように調達・運用されているのかが明らかになる。連結キャッシュ・フロー計算書は主要な活動区分別（営業活動，投資活動，財務活動）に表示され，連結貸借対照表および連結損益計算書とともに重要な情報を提供するものである。わが国では，2000年3月決算期から連結財務諸表の1つとして連結キャッシュ・フロー計算書が導入された。

　キャッシュ・フロー情報の重要性が高まった理由は次のことが考えられる。発生主義会計においては，見積りや判断が介入し，同一の会計事象に対して複数の会計数値が算定されうること，利益が生じていても，手元資金が不足していれば，黒字倒産の可能性があること，である。キャッシュ・フロー情報は現金の収入と支出という客観的事実に基づいている透明性の高い情報である。

　連結キャッシュ・フロー計算書に関する会計処理および開示についての会計基準は，連結キャッシュ・フロー計算書等の作成基準（以下，連結CFS作成基準という）および会計制度委員会報告第8号「連結財務諸表等におけるキャッシュ・フロー計算書の作成に関する実務指針」（以下，連結CFS実務指針という）である。以下，本章では，連結CFS作成基準と連結CFS実務指針に基づいて連結キャッシュ・フロー計算書について説明する。

2　資金の範囲

　従来の資金収支表においては，現預金および市場性のある一時所有の有価証券が資金とされていたが，資金の範囲が広く，企業における資金管理活動の実態が的確に反映されていなかった。このため，キャッシュ・フロー計算書が対象とする資金の範囲は，**現金及び現金同等物**となっている（連結CFS作成基準第二・一）。ここで現金とは，手許現金および要求払預金をいう。要求払預金には，当座預金，普通預金，通知預金が含まれる（連結CFS作成基準注解１）。また，現金同等物とは，容易に換金可能であり，かつ価値の変動についてわずかなリスクしか負わない短期投資をいい，価格変動リスクの高い株式等は資金の範囲からは除かれる。現金同等物には，取得日から満期日または償還日までの期間が３か月以内の短期投資である定期預金，譲渡性預金，コマーシャル・ペーパー，売戻し条件付現先，公社債投資信託が含まれる（連結CFS作成基準第二・一・注解１・２）。

　当座借越を負の現金同等物と同様に利用している場合には，当座借越は負の現金同等物を構成する（連結CFS実務指針３項）ので，負の現金同等物期末残高を連結貸借対照表上短期借入金に含めている場合でも，「現金及び現金同等物の期末残高」は，負の現金同等物期末残高控除後の金額となる。なお，当座借越の状況が明らかに短期借入金と同様の資金調達活動と判断される場合は，「財務活動によるキャッシュ・フロー」の区分に記載することとなる（連結CFS実務指針29項）。

　現金同等物として具体的に何を含めるかについては経営者の判断に委ねることが適当と考えられ，資金の範囲に含めた現金及び現金同等物の内容に関しては会計方針として記載するとともに，その期末残高と連結貸借対照表上の科目別残高との関係について調整が必要な場合には，その調整を注記する（連結CFS実務指針第２項）。

<h1>3 ┃ 連結キャッシュ・フロー計算書の作成方法</h1>

(1) 表示区分

連結キャッシュ・フロー計算書は，①営業活動によるキャッシュ・フロー，②投資活動によるキャッシュ・フロー，③財務活動によるキャッシュ・フローの3つに区分される。

① 営業活動によるキャッシュ・フロー

営業活動によるキャッシュ・フローには，営業損益計算の対象となった取引のほか，投資活動および財務活動以外の取引によるキャッシュ・フローが含まれる。この区分には，たとえば，(a)商品および役務の販売による収入，(b)商品および役務の購入による支出，(c)従業員および役員に対する報酬の支出，(d)災害による保険金収入，(e)損害賠償金の支払い，などが記載される（連結CFS作成基準注解3）。営業活動によるキャッシュ・フローの金額は，企業が営業活動によってどの程度の資金を生み出しているか，すなわち本業による現金獲得能力を示している。当期純利益がプラスでも，営業活動によるキャッシュ・フローがマイナスであれば，当期純利益にはキャッシュ・フローの裏付けがないので，利益の質が低いことになる。

② 投資活動によるキャッシュ・フロー

投資活動によるキャッシュ・フローには，キャッシュ・フロー固定資産の取得および売却，現金同等物に含まれない短期投資の取得および売却などによるキャッシュ・フローが含まれる。この区分には，たとえば，(a)有形固定資産および無形固定資産の取得による支出，(b)有形固定資産および無形固定資産の売却による収入，(c)有価証券（現金同等物を除く）および投資有価証券の取得による支出，(d)有価証券（現金同等物を除く）および投資有価証券の売却による収入，(e)貸付けによる支出，(f)貸付金の回収による収入，などが記載される（連結CFS作成基準注解4）。投資活動によるキャッシュ・フローの金額は，企業が投資活動によってどの程度の資金を支出しまたは回収したかを示す情報となる。

③ 財務活動によるキャッシュ・フロー

　財務活動によるキャッシュ・フローには，資金の調達および返済によるキャッシュ・フローが含まれる。この区分には，たとえば，(a)株式の発行による収入，(b)自己株式の取得による支出，(c)配当金の支払，(d)社債の発行および借入れによる収入，(e)社債の償還および借入金の返済による支出，などが記載される（連結CFS作成基準注解5）。財務活動によるキャッシュ・フローの金額は，企業が資金調達活動によってどの程度の資金が調達または返済されたかを示す情報となる。

(2) 法人税および利息・配当金の取扱い

　法人税，住民税および利益に関連する金額を課税標準とする事業税についてのキャッシュ・フローは，3つの活動（営業活動，投資活動，財務活動）ごとに分割することは困難であるので，「営業活動によるキャッシュ・フロー」の区分で表示する（連結CFS作成基準第二・二・2）。また，利息および配当金についてのキャッシュ・フローは，関連する収入と支出のうち，支配配当金については「財務活動によるキャッシュ・フロー」の区分で表示することになるが，受取利息，受取配当金および支払利息についての表示区分については，継続適用を条件として次の2つの方法を選択適用することが認められている（連結CFS作成基準第二・二・3）。

> ① 受取利息，受取配当金および支払利息を「営業活動によるキャッシュ・フロー」の区分で表示する方法
> ② 受取利息および受取配当金は「投資活動によるキャッシュ・フロー」の区分で，支払利息については「財務活動によるキャッシュ・フロー」の区分で表示する方法

(3) 表示方法

① 直接法と間接法

　「営業活動によるキャッシュ・フロー」の表示方法には，直接法と間接法があるが，間接法の方がより多く採用されている。ここで，**直接法**とは，主要な取引ごとにキャッシュ・フローを総額表示する方法であり，**間接法**とは，税金等調整前当期純利益に非資金損益項目，営業活動に関連する資産および負債の

増減,「投資活動によるキャッシュ・フロー」および「財務活動によるキャッシュ・フロー」の区分に含まれる損益項目を加減して表示する方法である（連結CFS作成基準第三・一）。直接法を用いる利点は，営業活動に関連するキャッシュ・フローが総額で把握できること,「投資活動によるキャッシュ・フロー」および「財務活動によるキャッシュ・フロー」と同一の表示方法になることである。また，間接法を用いる利点は，純利益と営業活動によるキャッシュ・フローとの関係が明らかになること，直接法に比べて実務上手数を要しないことである（「連結キャッシュ・フロー計算書等の作成基準の設定に関する意見書」三・4）。なお，いずれの方法を採用しても，営業活動によるキャッシュ・フローの増減額は一致する。

　直接法および間接法による営業活動によるキャッシュ・フローの表示区分を示したものが図表10-1および図表10-2である。

図表10-1　営業活動によるキャッシュ・フロー（間接法）

税金等調整前当期純利益	×××
減価償却費	×××
貸倒引当金の増加額	×××
受取利息及び受取配当金	△×××
支払利息	×××
売上債権の増加額	△×××
棚卸資産の減少額	×××
仕入債務の減少額	△×××
小計	×××
利息及び配当金の受取額	×××
利息の支払額	△×××
法人税等の支払額	△×××
営業活動のキャッシュ・フロー	×××

図表10-2 営業活動によるキャッシュ・フロー（直接法）

営業収入	×××
原材料又は商品の仕入による支出	△×××
人件費の支出	△×××
その他の営業支出	△×××
小計	×××
利息及び配当金の受取額	×××
利息の支払額	△×××
法人税等の支払額	△×××
営業活動のキャッシュ・フロー	×××

② 間接法における「営業活動によるキャッシュ・フロー」の表示

間接法における非資金損益項目とは，税金等調整前当期純利益の計算には反映されるが，キャッシュ・フローを伴わない項目である。たとえば，減価償却費，のれん償却，貸倒引当金の増加額，持分法による投資損益などである。これらの項目は，利益計算においては費用（または収益）として計算に反映されているが，実際には資金の支出（または収入）を伴うものではない。したがって，これらの項目の金額を税金等調整前当期純利益に加減する必要がある。

また，間接法では，営業活動に関連する資産および負債の増減も加減して表示される。たとえば，売掛金の減少は現金回収を意味するので，税金等調整当期純利益に加算し，反対に売掛金の増加は未回収の現金が増えたことになるため，現金の減少と考え，税金等調整前当期純利益から減額する。さらに，買掛金の減少は現金支払いを意味するので，税金等調整前当期純利益から減額し，反対に買掛金の増加は商品を仕入れても実際の支払いをしていない取引が増えたことになるため，現金の増加と考え，税金等調整前当期純利益に加算する。

「投資活動によるキャッシュ・フロー」および「財務活動によるキャッシュ・フロー」の区分に含まれるキャッシュ・フローに関連して発生した損益項目とは，具体的には，有形固定資産売却損益，投資有価証券売却損益などがある。これらの損益項目の金額を税金等調整前当期純利益に加減するとともに，「投資活動によるキャッシュ・フロー」および「財務活動によるキャッシュ・フロー」に総額で表示されるように修正する。

③　「投資活動によるキャッシュ・フロー」および「財務活動によるキャッ
　　シュ・フロー」の表示

　「投資活動によるキャッシュ・フロー」および「財務活動によるキャッシュ・
フロー」は，主要な取引ごとにキャッシュ・フローを総額で表示する。なお，
期間が短く，かつ，回転が速い項目に係るキャッシュ・フローについては，純
額で表示することができる（連結CFS作成基準注解8）。たとえば，期間の短い
コマーシャル・ペーパーの発行と償還が1会計期間を通じて連続して行われる
場合や，短期間に連続して借換えが行われる場合などにおいては，これらの
キャッシュ・フローを総額表示すると，キャッシュ・フローの金額が大きくな
り，かえって利用者の判断を誤らせるおそれがあることから，純増減額で表示
することが認められている。その場合には，純額で表示されていることが連結
キャッシュ・フロー計算書の利用者に理解できるように表示する必要がある
（連結CFS実務指針13項）。

④　投資活動および財務活動以外の取引と法人税等の表示

　営業活動によるキャッシュ・フローの区分における小計欄は，おおむね営業
損益計算の対象になった取引に関連するキャッシュ・フローの合計額を意味し，
小計欄以下の項目には，投資活動および財務活動以外の取引によるキャッ
シュ・フローおよび法人税等に関連するキャッシュ・フローが含まれる（連結
CFS実務指針12項）。

4　連結キャッシュ・フロー計算書の作成基準

(1)　連結会社相互間のキャッシュ・フロー

　連結キャッシュ・フロー計算書の作成にあたっては，連結会社相互間の
キャッシュ・フローは相殺消去しなければならない（連結CFS作成基準第二・三）。

(2)　連結キャッシュ・フロー計算書の作成方法

　連結キャッシュ・フロー計算書の作成方法としては，親会社・子会社の個別
キャッシュ・フロー計算書を基礎として連結キャッシュ・フロー計算書を作成
する方法と，連結財務諸表を基礎として作成する方法がある。

5　連結キャッシュ・フロー計算書固有の項目

　連結キャッシュ・フロー計算書の作成方法は，個別キャッシュ・フロー計算書の作成方法と基本的に同じであるが，①連結範囲の変動に関連するキャッシュ・フロー，②在外子会社のキャッシュ・フロー，③持分法による投資損益，④持分法適用会社からの配当金，⑤連結会社振出しの受取手形の割引，⑥非支配株主との取引等に関連するキャッシュ・フローの表示について留意しなければならない。

(1)　連結範囲の変動に関連するキャッシュ・フロー

　連結範囲の変動を伴う子会社株式の取得または売却に係るキャッシュ・フローは，「投資活動によるキャッシュ・フロー」の区分に独立項目として表示する。この場合，新たに連結子会社となった会社の現金及び現金同等物の額は株式の取得による支出額から控除し，連結子会社でなくなった会社の現金及び現金同等物の額は株式の売却による収入額から控除しなければならない。新規の連結子会社については，連結の範囲に含めた時点以降のキャッシュ・フローを，また連結除外会社については，連結除外時点までのキャッシュ・フローを連結キャッシュ・フロー計算書に含める（連結CFS実務指針21項）。営業譲受けまたは営業譲渡に係るキャッシュ・フローについても，「投資活動によるキャッシュ・フロー」の区分に，同様に計算した額をもって，独立の項目として表示する（連結CFS作成基準第二の二・4）。

　子会社株式の追加取得または一部売却（親会社と子会社の支配関係が継続している場合）による親会社の持分変動による差額は，資本剰余金に計上される（連結会計基準28項・29項）ため，連結範囲の変動を伴わない子会社株式の取得または売却に係るキャッシュ・フローについては，非支配株主との取引として「財務活動によるキャッシュ・フロー」の区分に記載するものとする（連結CFS実務指針9-2項）。

(2)　在外子会社のキャッシュ・フロー

　在外子会社における外貨によるキャッシュ・フローは，「外貨建取引等会計処理基準」における収益および費用の換算方法（期中平均相場または決算時の為替相場）に準じて換算され（連結CFS作成基準第二・四），換算手続の結果生じ

る換算差額については，現金及び現金同等物の増減額の調整項目である「現金及び現金同等物に係る換算差額」に含めて表示する（連結CFS作成基準第三・三，連結CFS実務指針17項）。ただし，配当金および増資等の資本取引に関連するキャッシュ・フローについては，当該キャッシュ・フローは発生時の為替相場による円換算額を付す（連結CFS実務指針17項）。

(3) 持分法による投資損益

営業活動によるキャッシュ・フローの表示方法として間接法を採用した場合，連結キャッシュ・フロー計算書固有の非資金損益項目の調整として，持分法による投資損益がある（連結CFS実務指針23項）。これらは，非資金損益項目として税金等調整前当期純利益に加減する。

(4) 持分法適用会社からの配当金

持分法適用会社からの配当金の受取額は，利息および配当金に係るキャッシュ・フローの表示区分について選択した方法に従い，「営業活動によるキャッシュ・フロー」の区分または「投資活動によるキャッシュ・フロー」の区分のいずれかに原則として表示する。

なお，間接法により「営業活動によるキャッシュ・フロー」を表示する場合，受取配当金を「営業活動によるキャッシュ・フロー」の区分に表示している場合には，持分法適用会社からの配当金受取額を持分法による投資損益と（合算）相殺して表示することもできる（連結CFS実務指針23項）。

(5) 連結会社振出しの受取手形の割引

商品および役務の販売により取得した連結会社振出しの手形を他の連結会社が金融機関で割引いた場合，割引を行った連結会社の個別ベースのキャッシュ・フロー計算書では，当該収入を「営業活動によるキャッシュ・フロー」の区分に表示するが，連結上は手形借入と同様の効果があるため，連結キャッシュ・フロー計算書においては，「財務活動によるキャッシュ・フロー」の区分に表示する（連結CFS実務指針20項）。

(6) 非支配株主との取引等

非支配株主に対する配当金の支払額および非支配株主の増資引受による払込

額は,「財務活動によるキャッシュ・フロー」の区分にそれぞれ独立して表示する（連結CFS実務指針22項）。

例題10−1 次の［資料Ⅰ］および［資料Ⅱ］に基づいて，①直接法および②間接法による当期（×1年1月1日〜×1年12月31日）の親会社および子会社の個別キャッシュ・フロー計算書を作成し，それらに基づいて連結キャッシュ・フロー計算書（営業活動によるキャッシュ・フローまで）を作成しなさい。

［資料Ⅰ］

（1） P社はS社の発行済株式総数の100％を取得し，S社の支配を獲得している。

（2） P社およびS社は，商品の仕入および売上はすべて掛けで行っている。

（3） P社からS社への売上高は5,500千円であった。

（4） S社は，当期に剰余金の配当を340千円支払った。

（5） 受取配当金は「営業活動によるキャッシュ・フロー」の区分に記載する。

［資料Ⅱ］ P社およびS社の個別財務諸表

・貸借対照表（一部）　　　　　　　　　　　　　　　　（単位：千円）

	P社		S社	
	×0/12/31	×1/12/31	×0/12/31	×1/12/31
売掛金	20,000	38,000	7,000	12,000
貸倒引当金	△900	△1,500	△300	△500
商品	3,000	5,500	2,000	3,500
買掛金	7,000	8,000	3,000	4,000
未払法人税等	1,900	2,000	700	900

・損益計算書（×1年1月1日〜×1年12月31日）　　　　（単位：千円）

	P社	S社
売上高	120,000	40,000
売上原価	65,000	21,000
売上総利益	55,000	19,000
給料	15,000	6,500
その他の営業費	8,500	2,500
貸倒引当金繰入	600	200
減価償却費	2,000	700
営業利益	28,900	9,100
受取配当金	400	250
税引前当期純利益	29,300	9,350
法人税等	8,790	2,805
当期純利益	20,510	6,545

《**解答**》　（単位：千円）

① 直接法

・個別キャッシュ・フロー計算書

	P社	S社
営業活動によるキャッシュ・フロー		
営業収入*1	102,000	35,000
商品の仕入支出*2	△66,500	△21,500
人件費支出	△15,000	△6,500
その他の営業支出	△8,500	△2,500
小　計	12,000	4,500
配当金の受取額	400	250
法人税等の支払額*3	△8,690	△2,605
営業活動によるキャッシュ・フロー	3,710	2,145

＊1　営業収入＝売上高－売掛金の増加額

＊2　商品の仕入支出＝売上原価＋商品の増加額－買掛金の増加額

＊3　法人税等の支払額＝法人税等＋前期末未払法人税等－当期末未払法人税等

• 連結キャッシュ・フロー計算書

営業活動によるキャッシュ・フロー

営業収入	131,500*4
商品の仕入支出	△82,500*5
人件費支出	△21,500
その他の営業支出	△11,000
小　計	16,500
配当金の受取額	310*6
法人税等の支払額	△11,295
営業活動によるキャッシュ・フロー	5,515

＊4　P社102,000＋S社35,000－連結会社間取引高5,500＝131,500
＊5　P社66,500＋S社21,500－連結会社間取引高5,500＝82,500
＊6　P社400＋S社250－S社の剰余金の配当額340＝310

② 間接法

• 個別キャッシュ・フロー計算書

	P社	S社
営業活動によるキャッシュ・フロー		
税引前当期純利益	29,300	9,350
減価償却費	2,000	700
貸倒引当金の増加額	600	200
受取配当金	△400	△250
売掛金の増加額	△18,000	△5,000
商品の増加額	△2,500	△1,500
買掛金の増加額	1,000	1,000
小　計	12,000	4,500
配当金の受取額	400	250
法人税等の支払額*3	△8,690	△2,605
営業活動によるキャッシュ・フロー	3,710	2,145

・連結キャッシュ・フロー計算書

営業活動によるキャッシュ・フロー

税金等調整前当期純利益	38,650
減価償却費	2,700
貸倒引当金の増加額	800
受取配当金	△650
売掛金の増加額	△23,000
商品の増加額	△4,000
買掛金の増加額	2,000
小　計	16,500
配当金の受取額	310
法人税等の支払額*3	△11,295
営業活動によるキャッシュ・フロー	5,515

例題10-2　下記の［資料Ⅰ］および［資料Ⅱ］に基づいて，間接法による当期（×1年1月1日〜×1年12月31日）の連結キャッシュ・フロー計算書を完成しなさい。連結キャッシュ・フロー計算書における利息および配当金の表示区分については，受取利息，受取配当金および支払利息を「営業活動によるキャッシュ・フロー」の区分に表示する方法を選択する。

［資料Ⅰ］

連結財務諸表作成に関する資料は，次のとおりである。

1．P社およびS社の会計期間は，いずれも1月1日から12月31日までである。

2．P社は，×0年1月1日にS社株式の80％を取得した。P社は，それまでS社の株式を保有していない。

3．連結貸借対照表は，次のとおりである。

連結貸借対照表　（単位：千円）

	×0/12/31	×1/12/31
現金及び預金	3,230	4,935
売掛金	4,000	4,890
貸倒引当金	△400	△550
有価証券	2,000	2,550
商品	4,740	4,400
有形固定資産	1,750	1,570
減価償却累計額	△1,060	△1,380
土地	1,500	1,500
その他の有形固定資産	3,000	3,500
減価償却累計額	△700	△1,200
のれん	80	60
資産合計	18,140	20,275
買掛金	3,700	3,300
短期借入金	4,200	4,100
未払費用*	10	20
未払法人税等	1,150	1,200
社債	－	700
長期借入金	3,600	3,100
退職給付に係る負債	500	550
負債合計	13,160	12,970
資本金	3,500	3,750
利益剰余金	1,080	2,989
非支配株主持分	400	566
純資産合計	4,980	7,305
負債及び純資産合計	18,140	20,275

＊　未払費用は，利息にかかわるものである。

4．S社は，前期に剰余金の配当を行っていないが，当期には300千円を支払っており，そのうちP社への支払いは240千円であった。

5．連結損益計算書は，次のとおりである。

連結損益計算書　　　　（単位：千円）

×1/1/1～×1/12/31

売上高		37,500
売上原価		14,340
売上総利益		23,160
販売費及び一般管理費		
人件費	5,600	
経費	11,300	
退職給付費用	130	
貸倒引当金繰入	150	
減価償却費	950	
のれん償却	20	18,150
営業利益		5,010
営業外収益		
受取利息及び配当金		400
営業外費用		
支払利息及び社債利息		425
経常利益		4,985
特別損失		
固定資産除却損		50
税金等調整前当期純利益		4,935
法人税等		2,200
当期純利益		2,735
非支配株主に帰属する当期純利益		226
親会社株主に帰属する当期純利益		2,509

[資料Ⅱ]

　以下のP社およびS社に関する当期の情報は，すでに上記の連結財務諸表に反映されている。

[P社]

①　当期首に社債を700千円で発行した。

②　期中に株式発行により250千円を資金調達した。

③　期中に引当金の取り崩しにより退職金を80千円支払い，期末に130千円を退職費用に計上した。

④　期中に長期借入金を200千円返済した。

⑤　期中に有価証券を550千円取得した。

⑥　期中に有形固定資産（取得原価180千円，減価償却累計額130千円）を除却した。

⑦　期中に剰余金の配当を600千円支払った。

［S社］

①　期中に有形固定資産を第三者より500千円で購入した。

②　期中に長期借入金を300千円返済した。

③　期中に貸倒引当金を150千円追加計上した。期中の貸倒れはなかった。

（平成26年第Ⅱ回公認会計士試験短答式問題の一部変更）

《解答》　（単位：千円）

連結キャッシュ・フロー計算書

Ⅰ　営業活動によるキャッシュ・フロー

税金等調整前当期純利益	4,935
減価償却費	950
のれん償却	20
貸倒引当金の増加額	150
退職給付に係る負債の増加額	50
固定資産除却損	50
受取利息及び配当金	△400
支払利息及び社債利息	425
売掛金の増加額	△890
商品の減少額	340
買掛金の減少額	△400
小　計	5,230
利息及び配当金の受取額	400
利息の支払額	△415*1
法人税等の支払額	△2,150*2
営業活動によるキャッシュ・フロー	3,065

Ⅱ　投資活動によるキャッシュ・フロー

有価証券の取得による支出	△550
有形固定資産の取得による支出	△500
投資活動によるキャッシュ・フロー	△1,050

Ⅲ　財務活動によるキャッシュ・フロー

　　　短期借入金の純減少額　　　　　　　　　△100

　　　長期借入金の返済による支出　　　　　　△500

　　　社債の発行による収入　　　　　　　　　700

　　　株式の発行による収入　　　　　　　　　250

　　　配当金の支払額　　　　　　　　　　　　△600*3

　　　非支配株主への配当金の支払額　　　　　△60*4

　　　財務活動によるキャッシュ・フロー　　　△310

Ⅳ　現金及び現金同等物の増加額　　　　　　　1,705

Ⅴ　現金及び現金同等物期首残高　　　　　　　3,230

Ⅵ　現金及び現金同等物期末残高　　　　　　　4,935

* 1　支払利息及び社債利息（P/L）425 ＋ 前期未未払費用10 － 当期末未払費用20 ＝ 415

* 2　未払法人税等（P/L）2,200 ＋ 前期末未払法人税1,150 － 当期末未払法人税等1,200 ＝ 2,150

* 3　P社剰余金の配当額

* 4　S社剰余金の配当額300 － P社への支払額240 ＝ 60

♦　**Training**　♦

【問題10－1】　連結キャッシュ・フロー計算書に関する次のア～オの記述のうち，正しいものが2つある。その記号の組み合わせを1つ選びなさい。

ア．連結範囲の変動を伴う子会社株式の取得または売却に係るキャッシュ・フローは，「財務活動によるキャッシュ・フロー」の区分に独立項目として表示される。

イ．在外子会社の外貨によるキャッシュ・フローは，期中平均相場または決算時の為替相場によって換算され，換算手続の結果生じる換算差額については，現金及び現金同等物の増減額の調整項目である「現金及び現金同等物に係る換算差額」に算入して表示される。

ウ．持分法適用会社からの配当金の受取額は，利息および配当金に係るキャッシュ・フローの表示区分について選択した方法に従い，「投資活動によるキャッシュ・フロー」の区分または「財務活動によるキャッシュ・フロー」の区分のいずれかに原則として表示される。

エ．連結会社が振り出した商業手形を他の連結会社が金融機関で割引いた場合の

収入額は，連結キャッシュ・フロー計算書においては，「営業活動によるキャッシュ・フロー」の区分に表示される。

オ．非支配株主に対する配当金の支払額および非支配株主の増資引受けによる払込額は，「財務活動によるキャッシュ・フロー」の区分にそれぞれ独立して表示される。

1．アエ　　　2．アオ　　　3．イウ　　　4．イオ　　　5．ウエ

(☞解答はp.189)

【問題10−2】【問題9−2】の［資料Ⅰ］および［資料Ⅱ］に基づいて，「営業活動によるキャッシュ・フロー」までの連結キャッシュ・フロー計算書を作成しなさい。ただし，利息・配当金の受取額および利息の支払額は，「営業活動によるキャッシュ・フロー」の区分に記載するものとし，資金の範囲は「現金及び預金」とする。

（解答欄）

　　連結キャッシュ・フロー計算書　　　　（単位：百万円）

Ⅰ　営業活動によるキャッシュ・フロー
　　　　税金等調整前当期純利益
　　　　のれん償却
　　　　貸倒引当金の増加額
　　　　受取利息及び受取配当金
　　　　支払利息
　　　　その他有価証券売却益
　　　　売上債権の増加額
　　　　棚卸資産の増加額
　　　　仕入債務の増加額
　　　　　　　小　計　　　　　　　　＿＿＿＿＿＿
　　　　利息及び配当金の受取額
　　　　利息の支払額
　　　　法人税等の支払額　　　　　　＿＿＿＿＿＿
　　営業活動によるキャッシュ・フロー

（平成27年第Ⅱ回公認会計士試験短答式試験問題の一部変更）

(☞解答はp.190)

【問題10－3】　A社は小売業であり，A社の×０年度末の貸借対照表は［資料］のとおりである。

　A社の×１年度の財政状態と経営成績がそれぞれ【ケースⅠ】および【ケースⅡ】であるとき，【ケースⅠ】の当期純利益と【ケースⅡ】の当期純利益では意味が異なるという意見がある。

　このとき，以下の各設問に答えなさい。なお，税金については考慮しない。また，減価償却費以外の費用は発生年度と支出年度が一致している。

［設問］【ケースⅠ】の当期純利益と【ケースⅡ】の当期純利益では意味が異なると考えるべき理由は何か。各ケースで与えられた財務諸表に基づき，追加的な会計情報を示したうえで，その理由を説明しなさい。

［資料］

貸借対照表
×０年12月31日

現　　　　金	200	買　掛　金	250	
売　掛　金	200	資　本　金	300	
商　　　品	300	利益剰余金	350	
備　　　品	200			
	900		900	

【ケースⅠ】

貸借対照表
×１年12月31日

現　　　金	650	買　掛　金	300
売　掛　金	200	資　本　金	300
商　　　品	200	利益剰余金	550
備　　　品	100		
	1,150		1,150

損益計算書
×１年１月１日～×１年12月31日

売上高	1,200
売上原価	750
売上総利益	450
販売費・一般管理費	250
（うち減価償却費	100)
営業利益	200
当期純利益	200

【ケースⅡ】

貸借対照表
×1年12月31日

現　　金	50	買　掛　金	300
売　掛　金	450	資　本　金	300
商　　品	550	利益剰余金	550
備　　品	100		
	1,150		1,150

損益計算書
×1年1月1日～×1年12月31日

売上高	1,200
売上原価	750
売上総利益	450
販売費・一般管理費	250
（うち減価償却費	100）
営業利益	200
当期純利益	200

（平成23年公認会計士試験論文式問題）

（☞解答はp.190）

第11章

在外子会社等の財務諸表の換算

1 外貨換算の意義

外貨換算（foreign translation）とは，外国の通貨で表示されている金額を自国の通貨の金額に再表示することである。売買価額その他取引価額が外国通貨で表示されている取引（外貨建取引）を会計処理する場合，または在外支店および在外子会社等の外国通貨で表示された財務諸表（外貨表示財務諸表）を自国の通貨の金額に再表示する場合において，外貨換算が必要となる。

外貨建取引の会計処理においては，外貨建取引と当該取引代金の決済取引とをどのように考えるのかによって一取引基準と二取引基準があり，それらのうちいずれの基準をとるかによって会計処理が異なってくる。

一方，外貨表示財務諸表の換算においては，換算方法が問題となる。外貨換算の方法には，以下がある。

① 流動・非流動法
② 貨幣・非貨幣法
③ テンポラル法
④ 決算日レート法

①の**流動・非流動法**は，流動資産と流動負債を決算日レートで，非流動資産と非流動負債を取得日レートで換算する方法である。

②の**貨幣・非貨幣法**は，貨幣資産と貨幣負債を決算日レートで，非貨幣資産と非貨幣負債を取得日レートで換算する方法である。

③の**テンポラル法**は，取得原価のように過去の取引価額で記録されている資産と負債は取得日レートで，また時価のように現在または将来の取引価額で記録されている資産と負債は決算日レートで換算する方法である。テンポラル法

を採用している場合，為替相場が大きく変動すると，換算前と換算後の財務諸表で損益が逆転する「換算のパラドックス」が生じることがある。

④の決算日レート法は，すべての資産と負債を決算日レートで換算する方法である。決算日レート法は，在外子会社が独立事業体としての性格が強くなり，現地通貨による測定値そのものを重視する傾向が強まったため用いられるようになった（「外貨建取引等会計処理基準の改訂について」，Ⅱ3．(1)）。

2　在外子会社等の財務諸表項目の換算

在外子会社等がその財務諸表を外貨で表示している場合には，連結財務諸表の作成または持分法の適用にあたり，在外子会社等の外貨表示財務諸表を換算しなければならない。外貨建取引等会計処理基準（以下，外貨会計基準という）では，決算日レート法の考え方を採用している。

3　外貨表示財務諸表の換算方法

外貨会計基準による在外子会社等の外貨表示財務諸表の換算方法は，次のとおりである（外貨会計基準三1．～4．）。

(1)　貸借対照表項目の換算

資産および負債については，決算時の為替相場による円換算額を付する。また，親会社による株式の取得時における純資産に属する項目については，株式取得時の為替相場による円換算額を付する。親会社による株式の取得後に生じた純資産に属する項目については，当該項目の発生時の為替相場による円換算額を付する。換算によって生じた換算差額は，**為替換算調整勘定**に計上し，連結貸借対照表の純資産の部（その他の包括利益累計額）に記載する。

在外子会社等に非支配株主が存在する場合には，その外貨表示財務諸表項目の換算にあたり生じる為替換算調整勘定は，株式所有比率に基づき，親会社持分と非支配株主持分に区分される（外貨換算実務指針41項）。

Column 9　為替換算調整勘定

　為替換算調整勘定は，在外子会社の財務諸表項目を円貨へ換算する過程で発生し，在外子会社の経営成績とは無関係に発生するものであるため（会計制度委員会報告第4号「外貨建取引等の会計処理に関する実務指針」75項），実現した投資の成果（投資のリスクから解放された成果）であるとはいえないので，連結損益計算書を経由せず連結貸借対照表の純資産の部に直接計上される。為替換算調整勘定は，在外子会社等に対する投資持分から発生した為替換算差額であるので，在外子会社の清算や子会社株式の売却等により在外子会社に対する支配を喪失した場合実現することになるが，在外子会社を連結している場合には為替換算調整勘定は連結上の純損益には計上されない（外貨換算実務指針42項参照）。

---

(2)　損益計算書項目の換算

　収益および費用については，原則として期中平均為替相場による円換算額を付する。ただし，決算時の為替相場による円換算額を付することができる。なお，親会社との取引による収益および費用の換算については，親会社が換算に用いる為替相場による。この場合に生じる差額は当期の為替差損益として処理する。

(3)　在外子会社等の外貨表示財務諸表の換算手順

　在外子会社等の外貨表示財務諸表の換算手順は，以下のとおりである。

① 　損益計算書の費用・収益のすべてを期中平均相場（または決算時の為替相場）で換算する。

② 　損益計算書の「当期純利益」は，株主資本等変動計算書の「当期純利益」に振り替える。

③ 　株主資本等変動計算書における「利益剰余金期首残高」のうち，親会社による株式の取得時における利益剰余金については，株式取得時の為替相場によって換算する。親会社による株式の取得後に生じた利益剰余金に属する項目（当期純利益）については，当該項目が発生した期の期中平均為替相場によって換算する。

④ 　株主資本等変動計算書における「剰余金の配当」は，配当時の為替相場によって換算する。

⑤ 　株主資本等変動計算書における「利益剰余金当期末残高」は，株主資本等変動計算書の貸借差額により求め，貸借対照表の「利益剰余金」に振り

替える。

⑥　貸借対照表の資産・負債は決算時の為替相場で換算する。純資産項目は，株式取得時または発生時の為替相場により換算する。

⑦　換算によって生じた換算差額は，貸借対照表の純資産の部に「為替換算調整勘定」を計上する。

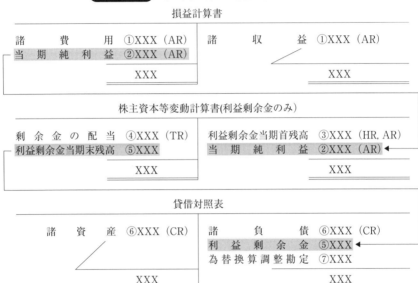

図表11－1　在外子会社の財務諸表の換算手順

損益計算書

諸　　費　　用　①XXX（AR）	諸　　収　　益　①XXX（AR）
当　期　純　利　益　②XXX（AR）	
XXX	XXX

株主資本等変動計算書(利益剰余金のみ)

剰　余　金　の　配　当　④XXX（TR）	利益剰余金当期首残高　③XXX（HR, AR）
利益剰余金当期末残高　⑤XXX	当　期　純　利　益　②XXX（AR） ←
XXX	XXX

貸借対照表

諸　　資　　産　⑥XXX（CR）	諸　　負　　債　⑥XXX（CR）
	利　益　剰　余　金　⑤XXX ←
	為　替　換　算　調　整　勘　定　⑦XXX
XXX	XXX

(注)　①～⑦は換算順序，カッコ内は換算に用いる以下の為替相場を示している。

　　HR＝取得時の為替相場

　　CR＝決算時の為替相場

　　AR＝期中平均の為替相場

　　TR＝配当時の為替相場

　　損益計算書項目は決算時の為替相場（CR）で換算してもよい。

例題11－1　　次の［資料］に基づき，円換算後の在外子会社の貸借対照表における為替換算調整勘定の金額を求めなさい。なお，減価償却は直接控除法を採っている。

［資料］在外子会社の損益計算書，株主資本等変動計算書および貸借対照表

損益計算書　　　　　（単位：千ドル）

減 価 償 却 費	300	親 会 社 へ の 売 上	1,400
その他の費用	10,500	その他の収益	10,000
当 期 純 利 益	600		
	11,400		11,400

株主資本等変動計算書　　　（単位：千ドル）

剰 余 金 の 配 当	100	利益剰余金当期首残高	400
利益剰余金当期末残高	900	当 期 純 利 益	600
	1,000		1,000

貸借対照表　　　　　（単位：千ドル）

備　　　　　　品	1,500	諸 　 負 　 債	8,200
その他の資産	11,600	資 　 本 　 金	4,000
		利 益 剰 余 金	900
	13,100		13,100

（1）　子会社の株式を前期末に100％取得しており，取得後の資本金の変動はない。
（2）　株主資本等変動計算書の当期変動額は，利益剰余金のみである。
（3）　換算は，「外貨建取引等会計処理基準」に定める原則的な方法による。
（4）　為替レートは，次のとおりである。
　　　•前期期中平均レート　　　　　1ドル＝114円
　　　•前期期末レート　　　　　　　1ドル＝116円
　　　•当期期中平均レート　　　　　1ドル＝115円
　　　•当期期末レート　　　　　　　1ドル＝117円
　　　•備品の購入時のレート　　　　1ドル＝112円
　　　•親会社への売上時のレート　　1ドル＝113円（親会社はこのレートを用いている）
　　　•配当金の支払時のレート　　　1ドル＝118円

（平成24年第Ⅰ回公認会計士試験短答式試験問題の一部変更）

《解答》

　5,700千円

損益計算書　　　　　（単位：千円）

減 価 償 却 費	34,500*1	親 会 社 へ の 売 上	158,200*2
その他の費用	1,207,500*1	その他の収益	1,150,000*1
当 期 純 利 益	69,000*1	為 　 替 　 差 　 益	2,800*3
	1,311,000		1,311,000

＊1　当期期中平均レート（1ドル＝115円）で換算する。

*2　親会社への売上時のレート（1ドル＝113円）で換算する。
*3　貸借差額

株主資本等変動計算書			(単位：千円)
剰 余 金 の 配 当	11,800*6	利益剰余金当期首残高	46,400*5
利益剰余金当期末残高	103,600*7	当 期 純 利 益	69,000*4
	115,400		115,400

*4　損益計算書より振替
*5　前期期末レート（1ドル＝116円）で換算する。
*6　配当金の支払時のレート（1ドル＝118円）で換算する。
*7　貸借差額

貸借対照表			(単位：千円)
備　　　　　品	175,500*9	諸　　負　　債	959,400*9
その他の資産	1,357,200*9	資　　本　　金	464,000*10
		利　益　剰　余　金	103,600*8
		為 替 換 算 調 整 勘 定	5,700*11
	1,532,700		1,532,700

*8　株主資本等変動計算書より振替
*9　当期期末レート（1ドル＝117円）で換算する。
*10　前期期末レート（1ドル＝116円）で換算する。
*11　貸借差額

例題11−2　S社は×0年4月1日に当社の100％出資により設立された在外子会社であり，現在，第3期（×2年4月1日～×3年3月31日）の期末を迎えるに至っている。次の［資料Ⅰ］～［資料Ⅴ］に基づいて，S社財務諸表の円換算後の為替換算調整勘定の金額を求めなさい。

［資料Ⅰ］設立時から第2期末までのS社の資本の推移（単位：千ドル）は，次のとおりである。

	×0年4月1日 （設立時）	×1年3月31日 （第1期末）	×2年3月31日 （第2期末）
資　本　金	10,000	10,000	10,000
利益剰余金	0	500	1,400

［資料Ⅱ］当期末のS社の貸借対照表は，次のとおりである。

		貸借対照表		（単位：千ドル）
現　金　預　金	1,000	買　　　掛　　　金		4,400
売　　掛　　金	3,500	短　期　借　入　金		4,100
商　　　　　品	2,400	資　　　本　　　金		10,000
固　定　資　産	15,500	利　益　剰　余　金		3,900
	22,400			22,400

［資料Ⅲ］　当期におけるS社の株主資本等変動計算書を利益剰余金の変動部分のみで示すと，次のとおりである。

	株主資本等変動計算書		（単位：千ドル）
剰 余 金 の 配 当 金	500	利益剰余金当期首残高	1,400
利益剰余金当期末残高	3,900	当　期　純　利　益	3,000
	4,400		4,400

［資料Ⅳ］

1．費用および収益の換算は，期中平均為替相場によっている。

2．S社の剰余金の配当は，当期中に行われたものが初めてである。なお，S社設立時の出資および当期に受け取った配当金を除き，当社とS社との取引はない。

［資料Ⅴ］

1．S社設立時の為替相場　　1ドル＝125円

2．各期の為替相場

	期中平均為替相場	決算時の為替相場
第1期（×0年4月1日～×1年3月31日）	1ドル＝124円	1ドル＝122円
第2期（×1年4月1日～×2年3月31日）	1ドル＝118円	1ドル＝115円
第3期（×2年4月1日～×3年3月31日）	1ドル＝113円	1ドル＝109円

3．配当確定時の為替相場　　1ドル＝110円

（平成16年公認会計士第2次試験短答式問題の一部変更）

《解答》

　△187,100千円

《解説》

1．株主資本等変動計算書

	株主資本等変動計算書		（単位：千円）
剰 余 金 の 配 当 金	55,000*3	利益剰余金当期首残高	168,200*1
利益剰余金当期末残高	452,200*4	当　期　純　利　益	339,000*2
	507,200		507,200

154

*1 第1期当期純利益（500千ドル－0千ドル）×第1期期中平均相場（1ドル＝124円）
　　＋第2期当期純利益（1,400千ドル－500千ドル）×第2期期中平均相場（1ドル＝118円）
*2 第3期当期純利益3,000千ドル×第3期期中平均相場（1ドル＝113円）
*3 剰余金の配当500千ドル×配当確定時の為替相場（1ドル＝110円）
*4 貸借差額

2．貸借対照表

貸借対照表　　　　　　　（単位：千円）

現　　金　　預　　金	109,000*6	買　　　掛　　　金	479,600*6
売　　　　掛　　　　金	381,500*6	短　期　借　入　金	446,900*6
商　　　　　　　　品	261,600*6	資　　　本　　　金	1,250,000*7
固　　定　　資　　産	1,689,500*6	利　益　剰　余　金	452,200*5
		為替換算調整勘定	△187,100*8
	2,441,600		2,441,600

*5 株主資本等変動計算書より振替
*6 第3期決算時の為替相場（1ドル＝109円）で換算する。
*7 S社設立時の為替相場（1ドル＝125円）で換算する。
*8 貸借差額

例題11－3　次の＜前提条件＞，［資料Ⅰ］および［資料Ⅱ］に基づき，円換算後の×2年度（×2年1月1日～×2年12月31日）の連結貸借対照表を作成しなさい。P社およびS社の会計期間は，いずれも1月1日から12月31日までとする。

＜前提条件＞
1．子会社の土地以外の資産および負債には，重要な時価評価による簿価修正額はない。
2．親子会社間取引はない。
3．親会社および子会社とも剰余金の配当による社外流出を行っていない。
4．時価評価による簿価修正額について税効果を認識し，子会社の利益剰余金および為替換算調整勘定に係る税効果は認識しないものとする。なお，実効税率は30％とする。
5．のれんについては，連結財務諸表の作成上の処理として，連結修正仕訳で計上する方法による。
6．のれんは，連結財務諸表において，取得の翌年度より10年間で均等償却を行う。のれんについて，S社所在地国における会計基準では償却しないが，連結財務諸表において10年間で均等償却を行う方針とする。

[資料Ⅰ]

1．P社は，×1年12月31日に，アメリカのS社株式60％を180,000千円（1,800千ドル）で取得し，S社を連結子会社とした。×1年12月31日におけるS社の資本の内訳は，資本金1,000千ドル，利益剰余金400千ドルである

2．S社の資産のうち土地は1,600千ドル（簿価）であり，その時価は×1年12月31日現在2,000千ドルであった。

3．外貨表示財務諸表の換算は，原則的方法を用いる。

4．対アメリカ・ドルの為替レートは，次のとおりである。

	期末レート	期中平均レート
×1年度	1ドル＝100円	－
×2年度	1ドル＝120円	1ドル＝110円

[資料Ⅱ]

・個別貸借対照表（×2年12月31日）（単位：P社は千円，S社は千ドル）

	P社	S社
現金及び預金	200,000	1,000
商品	300,000	400
土地	320,000	1,600
S社株式	180,000	－
資産合計	1,000,000	3,000
借入金	600,000	1,000
負債合計	600,000	1,000
資本金	300,000	1,000
利益剰余金	100,000	1,000
純資産合計	400,000	2,000
負債及び純資産合計	1,000,000	3,000

《解答・解説》

■×2年度の連結修正仕訳

1．開始仕訳

① 土地に係る評価差額の計上（単位：千ドル）

（借）土　　　　　地　　400　（貸）評　価　差　額　　280
　　　　　　　　　　　　　　　　　繰　延　税　金　負　債　　120*1

*1 （時価2,000－簿価1,600）×30％＝120

② 投資と資本の相殺消去（単位：千円）

（借）資　　本　　金　100,000*2　（貸）Ｓ　社　株　式　180,000
　　　利　益　剰　余　金　40,000*3　　　　非支配株主持分　67,200*5
　　　評　価　差　額　28,000*4
　　　の　　れ　　ん　79,200*6

* 2　1,000千ドル×100円（×１年度末レート）＝100,000千円
* 3　400千ドル×100円（×１年度末レート）＝40,000千円
* 4　280千ドル×100円（×１年度末レート）＝28,000千円
* 5　（100,000千円＋40,000千円＋28,000千円）×40％＝67,200千円
* 6　貸借差額

２．のれんの償却（単位：千円）

（借）の　れ　ん　償　却　8,712*7　（貸）の　　　れ　　　ん　8,712

* 7　792千ドル÷10年＝79.2千ドル
　　79.2千ドル×110円（×２年度期中平均レート）＝8,712千円

３．非支配株主に帰属する当期純利益の計上（単位：千円）

（借）非支配株主に帰属　26,400　（貸）非支配株主持分　26,400*8
　　　する当期純利益

* 8　当期純利益（1,000千ドル－400千ドル）×110円（×２年度期中平均レート）×40％＝26,400千円

４．為替換算調整勘定の非支配株主持分への振替（単位：千円）

（借）為替換算調整勘定　15,840　（貸）非支配株主持分　15,840*9

* 9　為替換算調整勘定39,600×40％＝15,840

• S社修正後貸借対照表（×2年12月31日）

	外貨	換算レート	円貨
現金及び預金	1,000	120	120,000
商品	400	120	48,000
土地	2,000	120	240,000
資産合計	3,400		408,000
借入金	1,000	120	120,000
繰延税金負債	120	120	14,400
負債合計	1,120	120	134,400
資本金	1,000	100	100,000
利益剰余金	1,000		106,000*
評価差額	280	100	28,000
為替換算調整勘定			39,600
純資産合計	2,280		273,600
負債及び純資産合計	3,400		408,000

＊　400千ドル×@100円＋当期純利益600千ドル×110円／ドル（×2年度期中平均レート）
　＝106,000千円

5．のれんに関する為替換算調整勘定の計上（単位：千円）

（借）の　　れ　　ん　15,048　　（貸）為替換算調整勘定　15,048[10]

*10　（792千ドル－79.2千ドル）×（120円－100円）
　　＋当期償却額（792千ドル÷10年）×（110円－100円）＝15,048千円
（注）　のれんの換算で発生した為替換算調整勘定を計上するが，当該のれんは親会社持
　　　分に係るものであるため，S社の非支配株主持分には振り替えない。

- 連結貸借対照表（×2年12月31日現在）

（単位：千円）

現金及び預金	320,000
商品	348,000
土地	560,000
のれん	85,536[*11]
資産合計	1,313,536
借入金	720,000
繰延税金負債	14,400
負債合計	734,400
資本金	300,000
利益剰余金	130,888[*12]
為替換算調整勘定	38,808[*14]
非支配株主持分	109,440[*15]
純資産合計	579,136
負債及び純資産合計	1,313,536

*11　79,200 − 8,712 + 15,048 = 85,536

*12　P社100,000 + S社30,888[*13] = 130,888

*13　S社利益剰余金
　　×1年度（400千ドル×100円）＋×2年度純利益600ドル×110円 − のれん償却8,712
　　− 非支配株主に帰属する当期純利益26,400 − 開始仕訳40,000 = 30,888

*14　39,600 − 15,840 + 15,048 = 38,808

*15　67,200 + 26,400 + 15,840 = 109,440

（外貨会計実務指針，設例11を加筆修正）

◆　Training　◆

【問題11−1】　外貨表示財務諸表の換算に関する次のア～オの記述のうち，最も適当なものの番号を1つ選びなさい。

ア．在外子会社の外貨表示財務諸表は，連結に先立ち邦貨表示に換算される必要があるが，その換算方法として決算日レート法を用いた場合，すべての財務諸表項目を単一の為替レートで換算すればすむ。他方，テンポラル法といった他

の方法では複数の為替レートが必要になるため，事務的に煩雑であるという問題がある。

イ．外貨表示財務諸表の換算方法の１つであるテンポラル法では，貸借対照表項目のうち，流動資産や流動負債は決算日の為替レートで，それ以外の項目は取引日の為替レートで換算されるのが原則となっている。

ウ．在外子会社か在外支店かは法的な形式の違いにすぎず，いずれも経済的に単一の組織を構成している点で変わりはないため，現行の会計基準上は換算の方法も同一であることが要求されている。

エ．外貨表示財務諸表の換算に際し，在外子会社の自律性を重視するという現地主義の考え方は，支配従属関係にある複数企業を単一の組織体とみなすという連結会計の前提とは相容れないため，現行の会計基準では採用されていない。

オ．現行の会計基準において為替換算調整勘定は，純資産の部に計上される。これは，為替換算調整勘定が在外子会社等の貸借対照表項目の邦貨への換算手続の結果発生し，在外子会社等の経営成績とは無関係に発生するためである。

1．ア　　2．イ　　3．ウ　　4．エ　　5．オ

（平成23年第Ⅰ回公認会計士試験短答式試験問題）

（☞解答はp.191）

【問題11－2】　次の［資料］に基づき，円換算後の在外子会社S社の貸借対照表における為替換算調整勘定の金額を求めなさい。

［資料］在外子会社の損益計算書，株主資本等変動計算書および貸借対照表

損益計算書　　　　（単位：千ドル）

減 価 償 却 費	600	親会社への売上	1,800
その他の費用	8,000	その他の収益	8,200
当 期 純 利 益	1,400		
	10,000		10,000

株主資本等変動計算書　　　（単位：千ドル）

剰 余 金 の 配 当	300	利益剰余金当期首残高	600
利益剰余金当期末残高	1,700	当 期 純 利 益	1,400
	2,000		2,000

貸借対照表						(単位：千ドル)	
備 品	2,800	諸	負		債	3,000	
減 価 償 却 累 計 額	△500	資	本		金	2,100	
そ の 他 の 資 産	4,500	利	益 剰 余		金	1,700	
	6,800					6,800	

（1）　前期末にアメリカのS社株式の100％を2,700千ドルで取得し，連結子会社とした。支配獲得時における S社の資本金は2,100千ドル，利益剰余金は600千ドルであった。
（2）　株主資本等変動計算書の当期変動額は，利益剰余金のみである。
（3）　換算は，「外貨建取引等会計処理基準」に定める原則的な方法による。
（4）　為替レートは，次のとおりである。
- 前期期中平均レート　　1ドル＝113円
- 前期末レート　　　　　1ドル＝114円
- 当期期中平均レート　　1ドル＝112円
- 当期期末レート　　　　1ドル＝111円
- 備品の購入時のレート　　　1ドル＝106円
- 親会社への売上時のレート　1ドル＝110円（親会社はこのレートを用いている）
- 配当金の支払時のレート　　1ドル＝113円

（☞解答はp.191）

【問題11－3】　決算日レート法の特徴，および現行の「外貨建取引等会計処理基準」において決算日レート法が適用される範囲とその理由（実務上の理由を除く）を説明しなさい。

（平成27年公認会計士試験論文式問題の一部変更）

（☞解答はp.191）

第12章

企業結合・事業分離会計

1 企業結合の意義

　近年，わが国では，企業結合が活発に行われており，企業の組織再編を支援するための法整備が進められてきた。企業結合に関する会計処理および開示に関する現行の会計基準は，企業会計基準第21号「企業結合に関する会計基準」（以下，企業結合会計基準という）である。以下，企業結合会計基準に基づき，企業結合の会計処理について説明する。

　企業結合とは，ある企業またはある企業を構成する事業と他の企業または他の企業を構成する事業とが1つの報告単位に統合されることをいう（企業結合会計基準5項）。企業結合は，合併，株式交換，株式移転，事業譲渡・譲受等によって行われ，会計上は，取得，共同支配企業の形成および共通支配下の取引に分類される。

2 企業結合の処理

(1) 合併

　合併は，複数の会社が1つの会社になることをいう。合併により消滅する会社（消滅会社）の権利義務の全部を合併後存続する会社（存続会社）に承継させる吸収合併と合併により消滅する2以上の会社の権利義務の全部を合併により新設する会社に承継させる新設合併の2つの方法がある（会2条27・28号）。

(2)　企業結合の会計処理の考え方

　企業結合の会計処理には，パーチェス法（取得法ともよばれる）と持分プーリング法がある。取得とみなされる企業結合にはパーチェス法の適用が，持分の結合とみなされる企業結合には，持分プーリング法の適用が合理的であると考えられる。パーチェス法と持分プーリング法の会計処理は，「持分の継続・非継続」の考え方に基づいて行われる。

①　パーチェス法

　パーチェス法は，取得企業が被取得企業の**支配**を獲得するという考え方に基づいて処理する方法である。すなわち，「取得」の場合には，取得企業の持分は継続しているが，被取得企業の持分はその継続を断たれたとみなされ（企業結合会計基準73項），被取得企業の資産と負債は時価で評価され，取得原価と被取得企業の純資産との差額は**のれん**として計上される。

②　持分プーリング法

　持分プーリング法は，いずれの結合当事企業も他の結合当事企業に対する支配を獲得するのではなく，結合前に存続していた個々の企業のリスクと便益を引き続き相互に共有するという考え方に基づいて処理する方法である。すなわち，「持分の結合」の場合には，すべての結合当事企業の持分は継続しているとみなされ（企業結合会計基準68項），被結合企業の資産と負債は帳簿価額のまま引き継がれるので，のれんは生じない。

　パーチェス法や持分プーリング法以外の企業結合の会計処理として，フレッシュ・スタート法がある。フレッシュ・スタート法では，すべての結合当事企業の資産および負債は企業結合時の時価に評価替えされる。フレッシュ・スタート法の採用に合理性が認められるためには，新設合併のようにすべての結合当事企業がいったん解散し，すべての株主の持分が清算された上で，新たに設立された企業へ拠出するという経済的実態が必要であると考えられること，また，諸外国における企業結合の会計処理をめぐる議論において選択肢の1つとして言及されてはいるものの，その方法を適用することが適切と考えられる事象やその根拠等が必ずしも明確ではない現況等を勘案し，企業結合の会計処理方法としてフレッシュ・スタート法は採用されない（企業結合会計基準72

項）。

例題12－1　A社は，B社を吸収合併し，B社株主に対して，A社株式2,000株（１株当たりの時価は150円）を交付した。B社の合併時の貸借対照表は，次のとおりであった。なお，A社は，会社法の定める最低限度額を資本金に組み入れた。①パーチェス法と②持分プーリング法による企業結合の処理の仕訳を示しなさい。

B社貸借対照表　　　　（単位：円）

諸　資　産	300,000	諸　負　債	100,000
		資　本　金	150,000
		利益剰余金	50,000
	300,000		300,000

（注）諸資産の時価は350,000円，諸負債の時価は簿価と同じであった。

《解答》　（単位：円）

① パーチェス法

（借）諸　資　産	350,000	（貸）諸　負　債	100,000
の　れ　ん	50,000*1	資　本　金	150,000*2
		資本剰余金	150,000*2

＊1　（2,000株×１株当たり時価150）－受入純資産250,000＝50,000
＊2　（発行株式2,000株×１株当たり時価150）÷２＝150,000

② 持分プーリング法

（借）諸　資　産	300,000	（貸）諸　負　債	100,000
		資　本　金	150,000
		利益剰余金	50,000

(3)　のれんの会計処理

わが国では，企業結合会計基準により，持分プーリング法が廃止された。共同支配企業の形成および共通支配下の取引以外の企業結合は**取得**となり，パーチェス法により会計処理が行われる。のれんは，資産に計上し，20年以内のその効果の及ぶ期間にわたって，定額法その他の合理的な方法により規則的に償

却し，「固定資産の減損に係る会計基準」に従って，のれんの価値が損なわれたときに減損処理が行われる。

　負ののれんが生じると見込まれる場合には，まず，取得企業は，すべての識別可能資産および負債が把握されているか，また，それらに対する取得原価の配分が適切に行われているかどうかを見直し，この見直しを行っても，なお取得原価が受け入れた資産および引き受けた負債に配分された純額を下回る場合には，当該不足額を発生した事業年度の利益（特別利益）として処理する（企業結合会計基準33・48項）。

　わが国においてのれんの規則的償却が行われる主な理由は，①規則的な償却を行う方法によれば，企業結合の成果たる収益と，その対価の一部を構成する投資消去差額の償却という費用の対応が可能となること，②企業結合により生じたのれんは時間の経過とともに自己創設のれんに入れ替わる可能性があるため，企業結合により計上したのれんの非償却による自己創設のれんの実質的な資産計上を防ぐことができること，③のれんのうち価値が減価しない部分の存在も考えられるが，その部分だけを合理的に分離することは困難であり，分離不能な部分を含め，規則的な償却を行う方法には一定の合理性があることである（企業結合会計基準105項）。

Column10　のれんの非償却

　国際的な会計基準においてのれんが償却されない主な理由は，①のれんは，将来の収益力によって価値が変動する資産であり，規則的な償却ではなく，収益性の低下による回収可能性で評価すべきであること。②すべてののれんの価値が減少するわけではなく，減価する場合でも毎期規則的に減少することは稀である。取得したのれんの耐用年数および償却パターンは，一般に予測不可能であり，恣意的な期間でのれんの定額償却を行っても，有用な情報を提供することはできないこと。③規則的な償却で必要となる事前の耐用年数の決定は，主観的な見積りとなる可能性が高く，逆に恣意的な費用計上を助長する危険があることである（企業会計基準委員会「企業結合会計の見直しに関する論点の整理」（2009年7月10日），95項）。

3　取得の会計処理

(1)　取得企業の決定方法

　取得とされた企業結合においては，いずれかの結合当事企業を取得企業として決定する。被取得企業の支配を獲得することとなる取得企業を決定するために，連結会計基準における**支配概念**を用いる（企業結合会計基準18項）。

　しかし，取得企業が明確とならない場合には，以下の要素を考慮して決定する。まず，現金もしくは他の資産を引き渡すまたは負債を引き受ける場合は，通常，現金もしくは他の資産を引き渡すまたは負債を引き受ける企業が取得企業となる（企業結合会計基準19項）。また，主な対価の種類が株式（出資を含む）である企業結合の場合には，通常，当該株式を交付する企業（結合企業）が取得企業となる。ただし，必ずしも株式を交付した企業が取得企業にならないとき（逆取得）もあるため，対価の種類が株式である場合の取得企業の決定にあたっては，①総体としての株主が占める相対的な議決権比率の大きさ，②最も大きな議決権比率を有する株主の存在，③取締役等を選解任できる株主の存在，④取締役会等の構成，⑤株式の交換条件を総合的に勘案しなければならない（企業結合会計基準20項）。

　結合当事企業のうち，いずれかの企業の相対的な規模（たとえば，総資産額，売上高あるいは純利益）が著しく大きい場合には，通常，当該相対的な規模が著しく大きい結合当事企業が取得企業となる（企業結合会計基準21項）。結合当事企業が３社以上である場合の取得企業の決定にあたっては，いずれの企業がその企業結合を最初に提案したかについても考慮する（企業結合会計基準22項）。

(2)　取得原価の算定

　被取得企業または取得した事業の取得原価は，原則として，取得の対価（支払対価）となる財の企業結合日における時価で算定する。すなわち，交換のための支払対価が現金の場合には現金支出額で測定されるが，支払対価が現金以外の資産の引渡し，負債の引受けまたは株式の交付の場合には，支払対価となる財の時価と被取得企業または取得した事業の時価のうち，より高い信頼性をもって測定可能な時価で算定する（企業結合会計基準23項）。

　取得関連費用（外部のアドバイザー等に支払った特定の報酬・手数料等）は，発

生時の事業年度の費用として処理する（企業結合会計基準26項）。

(3) 取得原価の配分方法

　取得原価は，被取得企業から受け入れた資産および引き受けた負債のうち企業結合日時点において識別可能なもの（識別可能資産および負債）の企業結合日時点の時価を基礎として，当該資産および負債に対して企業結合日以後1年以内に配分する（企業結合会計基準28項）。

　受け入れた資産に法律上の権利など分離して譲渡可能な無形資産が含まれる場合には，当該無形資産は識別可能なものとして取り扱う（企業結合会計基準29項）。

　取得後に発生することが予測される特定の事象に対応した費用または損失であって，その発生の可能性が取得の対価の算定に反映されている場合には，負債として認識する。当該負債は，原則として，固定負債として表示する（企業結合会計基準30項）。

4　株式交換および株式移転の会計処理

(1) 株式交換

　株式交換とは，ある会社がその発行済株式の全部を他の会社に取得させることをいう（会2条31号）。この場合，完全親会社になる既存会社は，新株を発行し完全子会社になる会社の株主が所有する株式と交換する。株式交換によって取得した子会社株式の金額が，資本金に組み入れた額を超える場合の超過額を**株式交換差益**という。

① 個別財務諸表上の会計処理

　完全親会社が，完全子会社の株式と交換に完全親会社の株式を発行して交付した場合には，取得した完全子会社の株式を子会社株式として処理し，株式の発行により増加する株主資本は，払込資本として処理する。子会社株式の取得原価は，交付した完全親会社の株式の時価等に基づいて算定する（企業結合事業分離適用指針110項）。

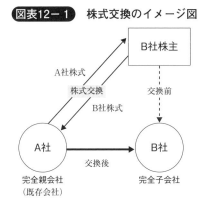

図表12－1　株式交換のイメージ図

② 連結財務諸表上の会計処理

完全子会社の資産および負債を時価評価した後，投資と資本の相殺消去を行う。子会社株式の取得原価と，子会社の時価評価後の資本との投資消去差額はのれんとして処理する（企業結合事業分離適用指針116項）。

例題12－2 株式交換に関する次の［資料］に基づいて，（1）個別財務諸表上の会計処理，（2）連結財務諸表上の会計処理に必要な仕訳を示しなさい。

［資料］
1．A社を株式交換完全親会社，B社を株式交換完全子会社とする株式交換（交換比率は1：0.6）を行った。なお，A社およびB社の発行済株式総数はそれぞれ100株であった。
2．当該株式交換は取得とされ，A社が取得企業，B社が被取得企業とされた。
3．A社はB社の株主にA社株式を交付した。なお，株式交換日のA社株式の時価は1株当たり60千円であり，交付した株式の時価総額は3,600千円（＝@60千円×100株×0.6）となった。
4．A社は増加すべき資本のうち，3,000千円を資本金に組み入れた。
5．B社の土地の時価は1,000千円（簿価は500千円）である。
6．株式交換日におけるA社とB社の貸借対照表は次のとおりである。

貸借対照表

(単位：千円)

資　産	A社	B社	負債及び純資産	A社	B社
諸　資　産	8,000	4,500	諸　負　債	6,000	2,500
土　　　地	2,000	500	資　本　金	3,000	1,800
			利益剰余金	1,000	700
	10,000	5,000		10,000	5,000

《解答》 （単位：千円）

1．個別財務諸表上の会計処理

（借）B 社 株 式 　3,600* 　（貸）資　本　金 　3,000
　　　　　　　　　　　　　　　　　　株式交換差益 　600

　＊　B社の株主に交付したA社株式の時価により計上する。

2．連結財務諸表上の会計処理

①　B社の資産および負債の時価評価

（借）土　　　地 　500 　（貸）評　価　差　額 　500

②　投資と資本の相殺消去

（借）資　本　金 　1,800 　（貸）B 社 株 式 　3,600
　　　利益剰余金 　700
　　　評　価　差　額 　500
　　　の　れ　ん 　600

(2)　株式移転

　株式移転とは，1または2以上の会社がその発行済株式の全部を新たに設立する会社に取得させることをいう（会2条32号）。この場合，完全子会社になる会社の株主は，所有する全部の株式を完全親会社になる新設会社に移転する見返りとして，新設会社が発行する株式を受け取る。株式移転によって増加する資本額のうち資本金に組み入れられなかった部分を**株式移転差益**という。

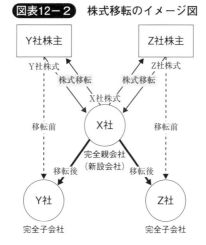

図表12-2 株式移転のイメージ図

① 個別財務諸表上の会計処理

完全親会社が，完全子会社の株式と交換に完全親会社の株式を発行して交付した場合には，取得した完全子会社の株式を子会社株式として処理し，株式の発行により増加する株主資本は，払込資本として処理する。取得企業となる子会社株式の取得原価は，株式移転日前日における当該株式移転完全子会社の適正な**帳簿価額**による**株主資本の額**に基づいて算定する。被取得企業となる子会社株式の取得原価は，取得企業となる完全子会社株式の**時価等**に基づいて算定する（企業結合事業分離適用指針121項）。

② 連結財務諸表上の会計処理

被取得企業となる完全子会社の資産および負債を時価評価した後，取得企業および被取得企業となる子会社の投資と資本の相殺消去を行う。被取得企業となる子会社の投資消去差額はのれんとして処理する（企業結合事業分離適用指針124項）。

例題12-3 株式移転に関する次の［資料］に基づいて，X社の（1）個別財務諸表上の会計処理，（2）連結財務諸表上の会計処理に必要な仕訳を示しなさい。

［資料］

1．Y社とZ社（Y社とZ社に資本関係はない）は，株式移転（交換比率は1：0.5）により，完全親会社となるX社を設立した。

2．Y社およびZ社の発行済株式総数はそれぞれ100株であった。

3．当該株式移転は取得と判定され，Y社が取得企業，Z社が被取得企業とされた。

4．Y社の株主には，Y社株式1株当たりX社株式1株が交付され，Z社の株主には，Z社株式1株当たりX社株式0.5株が交付された。なお，株式移転日のY社の株価（1株当たり160千円）により計算したZ社株主に交付した株式の時価総額は8,000千円（＝＠160千円×100株×0.5）であった。

5．株式移転日におけるZ社保有の土地の時価は，2,500千円（簿価2,000千円）と算定された。

6．完全親会社X社は，増加すべき資本のうち，10,000千円を資本金に組み入れた。

7．株式移転日前日（×1年3月31日）の貸借対照表は次のとおりである。

貸借対照表

（単位：千円）

資　　産	Y社	Z社	負債及び純資産	Y社	Z社
諸　資　産	9,000	5,000	諸　負　債	3,000	1,500
土　　　地	1,000	2,000	資　本　金	6,000	3,000
			利益剰余金	1,000	2,500
	10,000	7,000		10,000	7,000

《解答》（単位：千円）

1．個別財務諸表上の会計処理

① 取得企業となるY社株式と被取得企業となるZ社株式の会計処理

（借）Y　社　株　式　7,000*1　（貸）資　　本　　金　10,000
　　　Z　社　株　式　8,000*2　　　　株式移転差益　5,000

*1　Y社の適正な帳簿価額による株主資本＝6,000＋1,000＝7,000

*2　取得企業となるY社株式の時価（＠160）×100株×0.5＝8,000

2．連結財務諸表上の会計処理

① 投資と資本の相殺消去（取得企業となるY社）

（借）資　　本　　金　　6,000　（貸）Y　社　株　式　　7,000
　　　利　益　剰　余　金　　1,000

② 被取得企業（Z社）の資産・負債の時価評価

（借）土　　　　　　地　　　500　（貸）評　価　差　額　　　500

③ 投資と資本の相殺消去（被取得企業となるZ社）

（借）資　　本　　金　　3,000　（貸）Z　社　株　式　　8,000
　　　利　益　剰　余　金　　2,500
　　　評　価　差　額　　　500
　　　の　　れ　　ん　　2,000

④ 完全子会社Y社（取得企業）の純資産の構成の引継ぎ

（借）資　本　剰　余　金　　1,000　（貸）利　益　剰　余　金　　1,000

（注）　連結財務諸表では，取得企業の利益剰余金を引き継ぐ。

5　共同支配企業の形成と共通支配下の取引の会計処理

(1)　共同支配企業の形成

①　共同支配企業の判定

　共同支配企業とは，複数の独立した企業により共同で支配される企業をいい，共同支配企業の形成とは，複数の独立した企業が契約等に基づき，当該共同支配企業を形成する企業結合をいう（企業結合会計基準11項）。**共同支配投資企業**とは，共同支配企業を共同で支配する企業をいう（企業結合会計基準12項）。

　ある企業結合を共同支配企業の形成と判定するためには，共同支配投資企業となる企業が，複数の独立した企業から構成されていること（独立企業要件）および共同支配となる契約等を締結していること（契約要件）に加え，次の要

件を満たしていなければならない（企業結合会計基準37項）。

(a) 企業結合に際して支払われた対価のすべてが，原則として，議決権のある株式であること（**対価要件**）

(b) 支配関係を示す一定の事実が存在しないこと（**その他の支配要件**）

② 共同支配企業の形成の会計処理

共同支配企業の形成において，共同支配企業は，共同支配投資企業から移転する資産および負債を，移転直前に共同支配投資企業において付されていた**適正な帳簿価額**により計上する（企業結合会計基準38項）。共同支配企業の形成において，共同支配企業に事業を移転した共同支配投資企業は次の会計処理を行う（企業結合会計基準39項）。

(a) 個別財務諸表上，当該共同支配投資企業が受け取った共同支配企業に対する投資の取得原価は，移転した事業に係る株主資本相当額に基づいて算定する。

(b) 連結財務諸表上，共同支配投資企業は，共同支配企業に対する投資について持分法を適用する。

例題12－4 共同支配企業の形成に関する次の［資料］に基づいて，共同支配投資企業であるA社の会計処理を示しなさい。

［資料］

1．×1年4月1日に，A社とB社は共同新設分割によりY社を設立した。A社とB社は共同支配する契約を締結し，当該共同新設分割は共同支配企業の形成と判定された。

2．A社およびB社がY社へ移転する事業の移転直前の内容等は以下のとおりである。

	諸 資 産*	株主資本	受け入れたY社株式 の株式数（持株比率）
A社が移転するa事業	2,500（2,700）千円	2,500千円	300株（60％）
B社が移転するb事業	1,000（1,300）千円	1,000千円	200株（40％）
合　　計	3,500（4,000）千円	3,500千円	500株（100％）

＊ 帳簿価額を記載しており，（　）内はその時価である。また，a事業の時価は，3,000千円，b事業の時価は2,000千円である。それぞれののれんは7年で償却する。

　　3．×2年3月期のY社の当期純利益は500千円であった。
　　4．A社，B社およびY社の決算日は3月31日である。

《解答》（単位：千円）

1．個別財務諸表上の会計処理

　（借）　共同支配企業株式　　2,500*1　（貸）　a 事 業 資 産　　2,500
　　　　　（Y社株式）

　　＊1　移転した事業に係る株主資本額2,500に基づいて，Y社に対する投資の取得原価を
　　　　算定する。

2．連結財務諸表上の会計処理

　① 持分変動差額の算定

　a事業に係るA社の持分の減少（40％）により生じた差額200（貸方）（＝a事業が移
転されたとみなされる額1,200*2－a事業に係るA社の持分の減少額1,000*3）を算定す
る。

　（借）　共同支配企業株式　　　200　　（貸）　持 分 変 動 差 額　　　200
　　　　　（Y社株式）

　　＊2　a事業が移転されたとみなされる額1,200＝a事業の時価3,000×40％
　　＊3　a事業に係るA社の持分の減少額1,000＝a事業の株主資本相当額2,500×40％

　② 持分法の適用

　連結上，Y社の当期純利益500のうち，持分相当額（60％）である300とのれん償却
費60（＝420*4÷7年）を持分法投資損益として取り込む。

　　＊4　b事業に対して投資したとみなされる額1,200（b事業の時価2,000×60％－b事業に係
　　　　るA社持分の増加額780（取得時のb事業の諸資産の時価1,300×60％））

　（借）　共同支配企業株式　　　240　　（貸）　持分法による投資損益　　240
　　　　　（Y社株式）

(2)　共通支配下の取引等

　共通支配下の取引等とは，企業集団内における企業結合である共通支配下の

取引および非支配株主との取引をいう。共通支配下の取引とは，結合当事企業（または事業）のすべてが，企業結合の前後で同一の株主により最終的に支配され，かつ，その支配が一時的ではない場合の企業結合をいう（企業結合会計基準16項）。親会社と子会社の合併および子会社同士の合併は，共通支配下の取引に含まれる。非支配株主との取引は，企業集団を構成する子会社の株主と，当該子会社を支配している親会社との間の取引である（企業結合会計基準120項）。

① 共通支配下の取引の会計処理

共通支配下の取引は，親会社の立場からは企業集団内における純資産等の移転取引として内部取引と考えられるため，個別財務諸表上，共通支配下の取引により企業集団内を移転する資産および負債は，原則として，移転直前に付されていた適正な帳簿価額により計上する（企業結合会計基準41項）。移転された資産および負債の差額は，純資産として処理する（企業結合会計基準42項）。移転された資産および負債の対価として交付された株式の取得原価は，当該資産および負債の適正な帳簿価額に基づいて算定する（企業結合会計基準43項）。連結財務諸表上，共通支配下の取引は，内部取引としてすべて消去する（企業結合会計基準44項）。

② 非支配株主との取引の会計処理

個別財務諸表上，非支配株主から追加取得する子会社株式の取得原価は，追加取得時における当該株式の時価とその対価となる財の時価のうち，より高い信頼性をもって測定可能な時価で算定する。連結財務諸表上，非支配株主との取引については，連結会計基準における子会社株式の追加取得および一部売却等の取扱いに準じて処理する（企業結合会計基準45・46項）。

6 事業分離等の会計処理

企業結合会計基準では，企業結合に該当する取引を対象とし，結合企業を中心に結合当事企業の会計処理を定めている。これに対して，会社分割や事業譲渡などの場合における事業を分離する企業（分離元企業）の会計処理や，合併や株式交換などの企業結合における結合当事企業の株主に係る会計処理を定める必要があるため，企業会計基準第7号「事業分離等に関する会計基準」（以

下，事業分離等会計基準という）がある。

(1) 事業分離の意義

　事業分離とはある企業を構成する事業を他の企業（新設される企業を含む）に移転することをいい（事業分離等会計基準4項），事業分離は会社分割，事業譲渡，現物出資等の形式をとる（事業分離等会計基準62項）。事業を移転する企業を分離元企業（分割会社）といい，分離元企業からその事業を承継する企業を分離先企業（承継会社）という。分離先企業が既存の会社の場合には吸収分割といい，分離先企業が新設の会社の場合には新設分割という。

　会社分割には，分割型の会社分割と分社型の会社分割とがある。分割型の会社分割とは分離元企業が対価として分離先企業の株式を直接，分離元企業の株主に交付する会社分割をいい，分社型の会社分割とは分離元企業が対価として分離先企業の株式を受け取る会社分割をいう。なお，分離先企業が分離元企業に対して株式を交付することにより増加する資本額のうち資本金に組み入れなかった部分を会社分割差益という。

図表12-3　事業分離のイメージ図

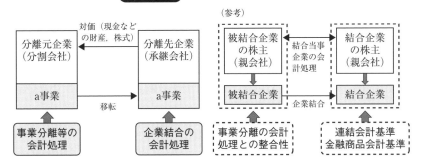

(2) 事業分離等の会計処理方法

① 事業分離等会計基準の考え方

　分離元企業の会計処理については，企業結合会計基準と同様に「持分の継続・非継続」の考え方に沿って行われる。「持分の継続・非継続」が企業結合の会計処理固有のものではなく，一般に事業の成果をとらえる際の投資の継続・清算と整合した概念であり，実現概念に通じる考え方であるからである

（事業分離等会計基準69項）。

　分離元企業に関する会計処理は，いったん投資を清算したとみて，改めて時価にて投資を行ったとみる場合，事業分離時点や交換時点での時価が新たな投資原価となり，その後の損益計算の観点からは，そのような投資原価を超えて回収できれば，その超過額が企業にとっての利益となる。また，これまでの投資がそのまま継続しているとみる場合，事業分離や株式の交換によっても投資の清算と再投資は行われていないとみるため，移転や交換直前の帳簿価額がそのまま投資原価となり，その後の損益計算の観点からは，この投資原価を超えて回収できれば，その超過額が企業にとっての利益となる（事業分離等会計基準70項）。

　事業分離における分離元企業の会計処理の基本的考え方は，**移転損益を認識するかどうか**であり，現金や株式など移転した事業の受取対価によって投資の継続・清算が判定される（事業分離等会計基準74〜76項）。移転された事業に関**する投資が清算された**と考えられる場合には，移転損益を認識し受入対価は事業分離日における時価で評価される（事業分離等会計基準10項（1）・80項）が，**投資が継続**しているとみる場合には，移転損益を認識せず，移転直前の適正な帳簿価額をそのまま投資原価とする（事業分離等会計基準10項（2）・77項）。

②　分離元企業の会計処理
⒜　受取対価が現金等の財産のみである場合

　分離先企業が子会社となる場合，**共通支配下の取引**として分離元企業が受け取った現金等の財産は，移転前に付された適正な帳簿価額により計上する。この結果，当該価額と移転した事業に係る株主資本相当額との差額は，原則として，移転損益として認識する。連結財務諸表上は，移転損益は連結会計基準における未実現損益の消去に準じて処理する（事業分離等会計基準14項）。

　分離先企業が関連会社となる場合，分離元企業が受け取った現金等の財産は，原則として，時価により計上する。この結果，当該価額と移転した事業に係る株主資本相当額との差額は，原則として，移転損益として認識する。連結財務諸表上は，移転損益は持分法会計基準における未実現損益の消去に準じて処理する（事業分離等会計基準15項）。

　分離先企業が子会社や関連会社以外となる場合，分離元企業が受け取った現金等の財産は，原則として，時価により計上し，移転した事業に係る株主資本

相当額との差額は，原則として，移転損益として認識する（事業分離等会計基準16項）。

図表12−4　分離元企業の会計処理（受取対価が現金等の財産のみである場合）

分離先企業	受け取った現金等の財産	移転損益の認識	連結財務諸表上の会計処理
子会社	適正な帳簿価額	する	移転損益は，未実現損益の消去に準じて処理
関連会社	時価	する	
その他	時価	する	−

(b)　受取対価が分離先企業の株式のみである場合

　分離先企業が子会社となる場合，投資が継続していると考えられるため，移転損益は認識せず，分離元企業が受け取った分離先企業の株式（子会社株式）の取得原価は，移転した事業に係る株主資本相当額に基づいて算定する。連結財務諸表上は，親会社の持分変動による差額とのれんに区分して会計処理し，親会社の持分変動による差額は資本剰余金に計上する（事業分離等会計基準17項，企業会計基準適用指針98項）。

　分離先企業が関連会社となる場合，投資が継続していると考えられるため，移転損益は認識せず，分離先企業の株式（関連会社株式）の取得原価は，移転した事業に係る株主資本相当額に基づいて算定する。連結財務諸表上は，投資に含まれるのれんと持分変動差額を計上する（事業分離等会計基準20項）。

　分離先企業が子会社や関連会社以外になる場合，投資が清算されたと考えられるため，原則として移転損益を認識する（事業分離等会計基準23項）。

図表12−5　分離元企業の会計処理（受取対価が株式のみである場合）

分離先企業	受け取った分離先企業の株式	移転損益の認識	連結財務諸表上の会計処理
子会社	株主資本相当額	しない	親会社の持分変動による差額は資本剰余金に計上する
関連会社	株主資本相当額	しない	のれんと持分変動差額を計上する
その他	時価	する	−

> **例題12-5** 次の［資料］に基づいて，（1）A社および（2）B社の会計処理に必要な仕訳を示しなさい。
>
> ［資料］
> 1. A社とB社は，A社を分離元企業（吸収分割会社），B社を分離先企業（吸収分割承継会社）とする会社分割を行った（A社とB社に資本関係はない）。
> 2. 当該会社分割に伴い，A社のa事業（資産の時価100,000千円，負債の時価20,000千円）をB社へ移転した。
> 3. 当該会社分割において，B社が取得企業，A社が被取得企業とされた。
> 4. B社はA社にB社株式300株（交付後のB社発行済株式の10％）を交付した。なお，会社分割の公表日直前のB社株式の時価は1株当たり400千円であり，交付した株式の時価総額は120,000千円となった。
> 5. B社は，増加すべき株主資本のうち，2分の1を資本金に組み入れた。
> 6. A社の貸借対照表は次のとおりである。

	A社	貸借対照表	（単位：千円）
a事業資産	60,000	a事業負債	20,000
b事業資産	40,000	b事業負債	30,000
		資本金	40,000
		利益剰余金	10,000
	100,000		100,000

《解答》（単位：千円）

1. A社（分離元企業）の会計処理

当該事業分離により分離先企業が子会社または関連会社以外となり，移転した事業に関する投資が清算されたと判断される。

（借）a事業負債　20,000*1　（貸）a事業資産　60,000*1
B社株式　120,000*2　移転損益　80,000*3

*1　移転した資産・負債の帳簿価額
*2　受け入れた株式の時価総額
*3　貸借差額

2. B社（分離先企業）の会計処理

分離先企業では企業結合となり，企業結合会計基準が適用される。

（借）　a 事 業 資 産　100,000*4　（貸）　a 事 業 負 債　 20,000*4
　　　　の　　れ　　ん　 40,000*6　　　　資　　本　　金　 60,000*5
　　　　　　　　　　　　　　　　　　　　　会 社 分 割 差 益　 60,000*5

　　*4　受入れた資産・負債の時価
　　*5　交付株式の時価総額120,000÷2
　　*6　貸借差額

◆　Training　◆

【問題12－1】　企業結合および事業分離の会計に関する次のア～エの記述のうち，正しいものが2つある。その記号の組合せの番号を1つ選びなさい。

ア．取得とされた企業結合においては，いずれかの結合当事企業を取得企業として決定する必要がある。その際には，まずは企業会計基準第22号「連結財務諸表に関する会計基準」における支配概念を用いて判断することになるが，それでも明確でない場合であって，主な対価の種類が株式のときには，通常は当該株式を発行する企業が取得企業となる。ただし，逆取得の場合もあるため，総体としての株主が占める相対的な議決権比率の大きさを優先的な判断基準として，取得企業を決定することになる。

イ．事業分離において，分離元企業が移転損益を認識する場合には，受取対価となる財の時価をいつの時点の時価で測定すべきかが問題となる。事業移転の対価として，市場価格のある分離先企業の株式を受け取るときは，受取対価となる財の時価は，事業分離の主要条件が合意され公表された時点の時価ではなく，事業分離日の時価に基づいて算定される。

ウ．分離先企業の株式のみを受取対価とする事業分離において，分離先企業が新たに関連会社となる場合には，移転された事業に関する分離元企業の支配が失われることになるので投資は清算されたものと考えることができる。したがって，このような場合は，分離元企業において，個別財務諸表上，移転損益が認識される。

エ．事業分離において，結合企業（分離先企業）が，パーチェス法に基づき取引時点の取得の対価となる財の時価をもって取得原価とする場合でも，必ずしも分離元企業は，対価として受け取る分離先企業の株式等の取得原価をその時価

とし，移転損益を認識することになるとは限らない。

1．アイ　　2．アウ　　3．アエ　　4．イウ　　5．イエ　　6．ウエ

（平成28年第Ⅰ回公認会計士試験短答式試験問題）

（☞解答はp.191）

【問題12－2】　共同支配企業の形成に関する次の［資料］に基づいて，共同支配投資企業であるA社の連結財務諸表に計上される共同新設分割に係る持分変動差額の金額を求めなさい。

［資料］

1．×1年9月30日に，A社は，資本関係のないC社との間で，共同支配に係る契約を締結し，共同新設分割によりY社を設立した。当該共同新設分割は，共同支配企業の形成と判定された。

2．この際，A社およびC社の移転する事業の移転直前の内容等は，次のとおりであった。

	各事業を構成する諸資産		移転する事業の対価として交付されるY社株式数（持分比率）
	帳簿価額合計	時価合計	
A社がY社に移転するa事業（時価30百万円）	(*)25百万円	28百万円	300株（60％）
C社がY社に移転するc事業（時価20百万円）	10百万円	15百万円	200株（40％）
合　計	35百万円	43百万円	500株（100％）

（*）　×1年4月1日において「その他諸資産」に含まれていたものの一部であり，評価・換算差額等に計上される項目は含まれていないものとする。

3．A社，C社およびY社の決算期は3月31日である。

（平成22年第Ⅱ回公認会計士試験短答式問題の一部変更）

（☞解答はp.191）

【問題12－3】　次の文章に関連して，以下の問に答えなさい。

企業会計基準第7号によれば，企業会計基準第21号に示されている持分の継続・非継続という考え方は，企業結合の会計処理に固有のものではなく，一般に事業の成果をとらえる際の投資の継続・清算と整合した概念であると指摘されているとともに，（　①　）に通ずる考え方であるとされている。

⑴　上記の空欄①に当てはまる用語を示しなさい。

⑵　企業会計基準第7号によれば，分離元企業に関する会計処理は，(a)いったん投資を清算したとみて，あらためて時価での投資を行ったとみる場合と，(b)従前の

投資がそのまま継続しているとみる場合とがある。それぞれの場合において，事業分離時点以降の利益はどのように把握されるか説明しなさい。

（平成24年公認会計士試験論文式試験問題の一部変更）

（☞解答はp.191）

Training　解答

（詳細な解説は，中央経済社ホームページ・本書掲載欄をご参照ください）

【問題1－1】
　4．ウエ
【問題1－2】
　3．11
【問題1－3】
　連結の範囲に含める子会社を決定する基準には，持株基準と支配力基準がある。持株基準は，議決権の過半数を所有しているか否かで連結の範囲に含める子会社を決定する基準であり，支配力基準は，議決権だけではなく，実質的な支配関係を有しているか否かで連結の範囲に含める子会社を決定する基準である。したがって，持株基準によれば，A社とは持株関係がないB社は子会社にはならない。これに対して，支配力基準によれば，B社の取締役会の構成員の過半数をA社の使用人が占めており，かつA社の意思と同一の内容の議決権を行使することに同意した者がB社の議決権の60％を所有している場合，A社はB社を実質的に支配しているので，B社は子会社となる。
→本書参照［第1章4．(1)連結の範囲，Column 1］

【問題2－1】
　4．イオ
【問題2－2】

連結貸借対照表　　　　　　（単位：千円）

諸　資　産	512,000	諸　負　債	345,000
の　れ　ん	2,700	資　本　金	100,000
		利　益　剰　余　金	50,900
		非支配株主持分	18,800
	514,700		514,700

【問題2－3】
　賛成論：連結財務諸表は，親会社株主のみならず企業集団を構成するすべての株主のために作成されるとする経済的単一体説に基づけば，親会社持分だけではなく，非支配株主持分を含むすべての持分が株主資本であると考えられるため，株主資本の区分に記載すべきである。
　反対論：連結財務諸表は，親会社の株主のために作成されるとする親会社説に基づけば，

非支配株主持分は親会社株主には帰属しない外部者持分と考えられるため，株主資本の区分
に記載すべきではない。
→本書参照［第１章５．連結基礎概念と会計処理，第２章２．⑵非支配株主持分］

【問題３－１】
　　①個別　　②支配　　③原価　　④時価　　⑤段階取得に係る損益
【問題３－２】　（単位：千円）
　　①段階取得に係る損益＝2,000　　②非支配株主持分＝21,200　　③のれん＝40,200
【問題３－３】
　　子会社の欠損のうち，当該子会社に係る非支配株主持分に割り当てられる額が当該非支配
株主の負担すべき額を超える場合には，当該超過額は，親会社の持分に負担させるのはわが
国の連結財務諸表が基本的に親会社説に基づいて作成されるからである。親会社の持分に負
担させる場合において，その後当該子会社に利益が計上されたときは，親会社が負担した欠
損が回収されるまで，その利益の金額を親会社の持分に加算する。これに対して，IFRSでは
経済的単一体説が採用されているので，当該超過額はすべて非支配株主持分に負担させる。
→本書参照［第１章５．連結基礎概念と会計処理，第３章３．子会社の債務超過額の負担］

【問題４－１】
　　４．ウオ
【問題４－２】　（単位：千円）
　　①49,700　　②306,900　　③38,400　　④200,000　　⑤70,000
【問題４－３】
　　子会社株式を一部売却した場合（親会社と子会社の支配関係が継続している場合に限る。）
には，子会社の資本に対する親会社の持分は減少し，非支配株主持分は増加する。経済的単
一体説によれば，子会社株式の一部売却取引は資本取引として処理される。これに対して，
親会社説によれば，当該取引は損益取引とみなされる。
　　改正前の企業会計基準第22号では，親会社説に基づく処理が採用され，子会社株式を一部
売却した場合には，売却した株式に対応する持分を親会社の持分から減額し，非支配株主持
分を増額させた。また，売却による親会社の持分の減少額（売却持分）と投資の減少額との
間に生じた差額は，子会社株式の売却損益の修正として処理された。
　　ところが，改正後の企業会計基準第22号では，経済的単一体説に基づく処理が採用されて
おり，子会社株式を一部売却した場合には，売却した株式に対応する持分を親会社の持分か
ら減額し，非支配株主持分を増額する。また，売却持分と投資の減少額との間に生じた差額
は，資本剰余金として処理される。
→本書参照［第１章５．連結基礎概念と会計処理，第４章２．子会社株式の一部売却，

Column 3〕

【問題5－1】

　5．エオ

【問題5－2】

・連結損益計算書　　　　　　　　（単位：千円）

売上高	70,000
売上原価	35,100
売上総利益	34,900
販売費及び一般管理費	11,000
当期純利益	23,900
非支配株主に帰属する当期純利益	3,270
親会社株主に帰属する当期純利益	20,630

【問題5－3】

　×　親会社説に基づけば，親会社の持分比率に相当する未実現利益のみを消去し，外部株主との取引による利益は実現利益として資産原価と連結利益から控除しないが，経済的単一体説に基づけば，未実現利益は全額消去し，親会社と非支配株主の持分比率に応じてそれぞれ負担させる。現行の連結会計基準では，アップ・ストリームの場合，全額消去・持分按分負担方式が適用されるので，部分消去・親会社負担方式は認められない。

→本書参照［第1章5．連結基礎概念と会計処理，第5章3．未実現損益の消去］

【問題6－1】

　2．アウ

【問題6－2】

・連結損益計算書

（自×1年1月1日　至×1年12月31日）　　（単位：千円）

売上高	1,500,000
売上原価	1,140,000
売上総利益	360,000
販売費及び一般管理費	268,000
営業利益	92,000
支払利息	25,000
経常利益	67,000
固定資産売却益	30,000
税金等調整前当期純利益	97,000

法人税等	13,500	
法人税等調整額	△6,900	6,600
当期純利益		90,400
非支配株主に帰属する当期純利益		5,300
親会社株主に帰属する当期純利益		85,100

【問題6－3】

子会社への投資後，子会社が利益を計上した場合，子会社への投資の連結貸借対照表上の価額と，親会社の個別貸借対照表上の投資簿価との間に一時差異が生じる。この一時差異（将来加算一時差異）は，子会社が親会社へ配当を実施した場合，親会社が保有する投資を第三者に売却した場合または保有する投資に対して個別財務諸表上の評価減を実施した場合に解消される。

→本書参照［第6章6．子会社への投資に係る税効果会計］

【問題7－1】

3．ウ

【問題7－2】 （単位：千円）

連結株主資本等変動計算書

	株主資本				その他の包括利益累計額	非支配株主持分	純資産合計
	資本金	資本剰余金	利益剰余金	株主資本合計	その他有価証券評価差額金		
当期首残高	20,000	2,000	10,000	32,000	1,000	2,800	35,800
当期変動額							
剰余金の配当			△2,000	△2,000			△2,000
親会社株主に帰属する当期純利益			4,640*1	4,640			4,640
株主資本以外の項目の当期変動額（純額）					680*2	120*3	800
当期変動額合計			2,640	2,640	680	120	3,440
当期末残高	20,000	2,000	12,640	34,640	1,680	2,920	39,240

*1 P社当期純利益4,000＋S社当期純利益2,000－受取配当金修正額800－非支配株主に帰属する当期純利益400－のれん償却160＝4,640

*2 P社その他有価証券評価差額金増加額1,000－S社その他有価証券評価差額金減少額400

＋その他有価証券評価差額金のうち非支配株主持分への振替額80＝680

*3　連結修正仕訳（－200－80＋400）＝120

【問題7－3】

　当期純利益は，企業の総合的な業績指標であり，財務諸表利用者が参照できる最も有用な指標の1つであるが，当期純利益情報は，キャッシュ・フローと整合的である場合には有用である。リサイクリング処理を行う場合，全会計期間を通算した当期純利益の合計額とキャッシュ・フローの合計額は一致するが，ノンリサイクリング項目が生じると当期純利益に反映されないキャッシュ・フローが存在することとなり，純利益の性格が変質するとともに，純損益の総合的な業績指標としての有用性が低下するから（企業会計基準委員会による修正会計基準第2号「その他の包括利益の会計処理」18項参照）。

→本書参照［第7章3．包括利益の表示，Column6　その他の包括利益の当期純利益へのリサイクリング］

【問題8－1】

　2．アエ

【問題8－2】

　持分法による投資利益＝1,263千円

【問題8－3】

　持分法は個別財務諸表に適用すべきではない。持分法は，被投資会社に対する投資の会計処理方法の一つであり，連結財務諸表にのみ適用されるものではない。しかし，被投資会社に対する投資に持分法を適用した場合には，被投資会社が利益を計上した時点で収益を計上することになり，発生主義に基づいて利益が認識され，キャッシュ・フローを伴わないので，未実現利益の計上を認めることになる。収益の認識は実現主義に基づいて認識されるべきであり，また配当可能利益を算定する上でも問題があるので，持分法は個別財務諸表に適用すべきではない。

→本書参照［第8章1．持分法の意義，Column7　連結と持分法］

【問題9－1】

　3．ウ

【問題9-2】

・連結貸借対照表

（×1年12月31日現在）

（単位：百万円）

現金及び預金	11,828
売掛金	3,600
貸倒引当金	△200
商品	4,100
土地	7,500
のれん	232
その他有価証券	14,300
繰延税金資産	120
資産合計	41,480
買掛金	4,000
短期借入金	17,500
繰延税金負債	840
負債合計	22,340
資本金	8,000
利益剰余金	6,670
その他有価証券評価差額金	1,470
非支配株主持分	3,000
純資産合計	19,140
負債及び純資産合計	41,480

・連結損益計算書

（自×1年1月1日　至×1年12月31日）

（単位：百万円）

売上高		36,000
売上原価		17,900
売上総利益		18,100
販売費及び一般管理費	10,700	
のれん償却	58	10,758
営業利益		7,342
受取利息		700
支払利息		500
経常利益		7,542
その他有価証券売却益		200
税金等調整前当期純利益		7,742
法人税等	3,352	
法人税等調整額	△120	3,232
当期純利益		4,510
非支配株主に帰属する当期純利益		840
親会社株主に帰属する当期純利益		3,670

・連結包括利益計算書

（自×1年1月1日　至×1年12月31日）

（単位：百万円）

当期純利益	4,510
その他の包括利益：	
その他有価証券評価差額金	700
包括利益	5,210
（内訳）	
親会社株主に係る包括利益	4,230
非支配株主に係る包括利益	980

- 連結株主資本等変動計算書

（自×1年1月1日　至×1年12月31日）

（単位：百万円）

資本金

| 当期首残高 | 8,000 |
| 当期末残高 | 8,000 |

利益剰余金

当期首残高	3,000
当期変動額	
親会社株主に帰属する当期純利益	3,670
当期末残高	6,670

その他の包括利益累計額

当期首残高	910
当期変動額	560
当期末残高	1,470

非支配株主持分

当期首残高	2,140
当期変動額	860
当期末残高	3,000

【問題9－3】

　連結財務諸表の作成については，親会社説と経済的単一体説の2つの考え方があるが，わが国の連結会計基準は基本的に親会社説の考え方によっている。したがって，株主資本に関しては，親会社の株主持分だけが表示され，非支配株主持分は株主資本の区分ではなく純資産の部の末尾に表示される。また，連結損益計算書における当期純利益には非支配株主に帰属する当期純利益を含めて表示するが，親会社株主と非支配株主とではリスクおよびリターンは大きく異なり，親会社株主に係る成果とそれを生み出す原資（株主資本）に関する情報が投資家の意思決定に有用であると考えられる（連結会計基準51-2項参照）ので，親会社株主に帰属する当期純利益と非支配株主に帰属する当期純利益は区別して表示される。

→本書参照［第1章5．連結基礎概念と会計処理，Column8親会社持分と非支配株主持分］

【問題10－1】

　4．イオ

190 ▌

【問題10−2】

連結キャッシュ・フロー計算書　　　　（単位：百万円）

I　営業活動によるキャッシュ・フロー

税金等調整前当期純利益	7,742
のれん償却	58
貸倒引当金の増加額	200
受取利息及び受取配当金	△700
支払利息	500
その他有価証券売却益	△200
売上債権の増加額	△100*1
棚卸資産の増加額	△2,100*2
仕入債務の増加額	1,000*3
小　計	6,400
利息及び配当金の受取額	700
利息の支払額	△500
法人税等の支払額	△3,352
営業活動によるキャッシュ・フロー	3,248

*1　P社（4,500−3,500）＋S社1,500−売掛金・買掛金の相殺消去2,400＝100
*2　P社（2,500−2,000）＋S社2,000−未実現利益の消去400＝2,100
*3　P社（4,000−3,000）＋S社2,400−売掛金・買掛金の相殺消去2,400＝1,000

【問題10−3】

【ケースI】

キャッシュ・フロー計算書

I　営業活動によるキャッシュ・フロー

当期純利益	200
減価償却費	100
棚卸資産の減少額	100
仕入債務の増加額	50
営業活動によるキャッシュ・フロー	450

【ケースII】

キャッシュ・フロー計算書

I　営業活動によるキャッシュ・フロー

当期純利益	200
減価償却費	100
売上債権の増加額	△250
棚卸資産の増加額	△250
仕入債務の増加額	50
営業活動によるキャッシュ・フロー	△150

　【ケースI】における営業活動によるキャッシュ・フローは450であり，【ケースII】における営業活動によるキャッシュ・フローは△150である。【ケースI】の当期純利益はキャッシュ・フローによる裏付けを有しており，利益の質が高いといえる。これに対して，【ケースII】の当期純利益は，キャッシュ・フローによる裏付けがないので，利益の質は低いといえる。したがって，それぞれのケースの当期純利益の意味は異なると考えられる。

→本書参照［第10章３．⑴表示区分］

【問題11－1】

　５．オ（本書第11章１．外貨換算の意義を参照）

【問題11－2】

　△8,900千円

【問題11－3】

　決算日レート法は，すべての資産および負債を決算日レートで換算する方法である。決算日レート法を用いると外貨表示財務諸表の資産・負債が決算日の相場で一律に換算されるので，換算後も資産・負債の関係（比率）がそのまま維持される。現行の「外貨建取引等会計処理基準」において決算日レート法が適用される理由は，在外子会社等の独立事業体としての性格が強くなり，現地通貨による測定値そのものを重視する傾向が強まったことを考慮したためである（井上達男・山地範明『エッセンシャル財務会計（第４版）』中央経済社，2021年，第24章参照）。

【問題12－1】

　５．イエ

【問題12－2】

　持分変動差額＝２百万円

【問題12－3】

⑴　実現概念

⑵　(a)の場合には，事業分離時点や交換時点での時価が新たな投資原価となり，その後の損益計算の観点からは，そのような投資原価を超えて回収できれば，その超過額が企業にとっての利益となる。一方，(b)の場合には，事業分離や株式の交換によっても投資の清算と再投資は行われていないとみるため，移転や交換直前の帳簿価額がそのまま投資原価となり，その後の損益計算の観点からは，この投資原価を超えて回収できれば，その超過額が企業にとっての利益となる（事業分離等会計基準70項）。

　→本書参照［第12章６⑵①事業分離等会計基準の考え方］

索　引

あ 行

アップ・ストリーム ………… 55, 57, 58, 66, 69, 97, 99
一行連結 …………………………… 91
一時差異 …………………………… 61
移転損益 ………………………… 176
営業活動によるキャッシュ・
　フロー ………………………… 129
影響力基準 ………………………… 92
親会社 ……………………………… 4
親会社説 ………………………… 10

か 行

買入れのれん方式 ……………… 17
外貨換算 ………………………… 147
会計処理の統一 …………………… 8
開始仕訳 ………………… 29, 109
会社分割 ………………………… 175
会社分割差益 …………………… 175
合併 ……………………………… 161
株式移転 ………………………… 168
株式移転差益 …………………… 168
株式交換 ………………………… 166
株式交換差益 …………………… 166
貨幣・非貨幣法 ………………… 147
為替換算調整勘定 ……………… 148
換算のパラドックス …………… 148
間接法 …………………………… 130
関連会社 ………………………… 91
企業結合 ………………………… 161
企業集団 …………………………… 1
基準性の原則………………………… 3
逆取得 …………………………… 165

あ 行（右列）

キャッシュ・フロー …………… 127
吸収合併 ………………………… 161
共通支配下の取引 ……………… 174
共同支配企業 …………………… 171
共同支配企業の形成 …………… 171
共同支配投資企業 ……………… 171
繰延税金資産 …………………… 62
繰延税金負債 …………………… 62
クリーン・サープラス関係 ……… 82
経済的単一体説 …………………… 10
継続性の原則 ……………………… 4
決算日レート法 ………………… 148
現金及び現金同等物 …………… 128
減損処理 ………………………… 164
購入のれん方式 ………………… 17
子会社 ……………………………… 4
子会社株式の一部売却 ………… 41
子会社株式の追加取得 ………… 39
子会社の欠損 …………………… 35
子会社の時価発行増資等 ……… 44
子会社の資産および負債の時価評価 ·· 20
子会社の資本 …………………… 15

さ 行

債権と債務の相殺消去 ………………… 24
財務活動によるキャッシュ・
　フロー ………………………… 130
事業分離 ………………………… 175
資産負債法 ……………………… 62
支配 ………………………………… 4
支配概念 ………………………… 165
支配従属関係 ……………………… 1
支配力基準 ………………………… 5
資本剰余金 ……………… 39, 41, 44

資本取引 ……………………………… 11, 43
資本連結 ………………………………… 15
取得 …………………………… 162, 163
取得企業 ………………………………… 165
承継会社 ………………………………… 175
小計欄 …………………………………… 133
剰余金の配当による修正 ……………… 77
将来加算一時差異 ……………………… 62
将来減算一時差異 ……………………… 62
真実性の原則 …………………………… 3
新設合併 ………………………………… 161
新設分割 ………………………………… 175
税効果会計 ……………………………… 61
全額消去・親会社負担方式 …………… 54
全額消去・持分按分負担方式 ………… 55
全部のれん方式 ………………………… 17
全面時価評価法 ………………………… 20
その他の包括利益 ……………………… 82
損益取引 ………………………… 11, 43

た 行

ダウン・ストリーム ………… 55, 57, 65,
　68, 96, 99
段階取得 ………………………………… 32
段階取得に係る損益 ……………… 32, 102
直接法 …………………………………… 130
テンポラル法 …………………………… 147
投資活動によるキャッシュ・
　フロー ………………………………… 129
投資差額 ………………………………… 94
投資消去差額 …………………………… 17
特別目的会社 …………………………… 6

な 行

のれん …………………………………… 17

は 行

パーチェス法 …………………………… 162

非資金損益項目 ………………………… 132
非支配株主との取引 …………………… 174
非支配株主持分 ………………………… 18
非支配株主持分に帰属する
　当期純利益 …………………………… 19
負の現金同等物 ………………………… 128
負ののれん …………………… 17, 18, 164
負ののれん発生益 ……………………… 18
部分時価評価法 ………………………… 20
部分消去・親会社負担方式 …………… 55
フレッシュ・スタート法 ……………… 162
分割会社 ………………………………… 175
分離先企業 ……………………………… 175
分離元企業 ……………………………… 175
米国会計基準 …………………………… 2
包括利益 ………………………………… 82

ま 行

未実現損益の消去 ……………………… 54
明瞭性の原則 …………………………… 3
持株基準 ………………………………… 5
持分の継続・非継続 …………… 162, 175
持分の結合 ……………………………… 162
持分プーリング法 ……………………… 162
持分変動（差）額 ……………… 44, 173
持分法 …………………………………… 91
持分法による投資損益 ………………… 95

ら 行

リサイクリング ………………………… 83
流動・非流動法 ………………………… 147
連結会社相互間の取引高の相殺消去 … 53
連結株主資本等変動計算書 ……… 75, 76
連結基礎概念 …………………………… 10
連結キャッシュ・フロー計算書 …… 127
連結計算書類 …………………………… 2
連結決算日 ……………………………… 8
連結財務諸表 …………………………… 1
連結修正仕訳 …………………………… 109

連結精算表 ……………………………… 109　　連結貸借対照表 ……………………………… 15
連結損益計算書 ……………………… 53　　連結の範囲 ………………………………… 4

＜著者紹介＞

山地　範明（やまじ　のりあき）

1985年3月　関西学院大学商学部卒業
1990年3月　関西学院大学大学院商学研究科博士課程後期課程単位取得満期退学
2002年3月　博士（商学）関西学院大学
2005年4月　関西学院大学大学院経営戦略研究科教授，現在に至る。
2006年　　公認会計士試験委員（～2009年）

＜主要著書＞

『連結会計の生成と発展（増補改訂版）』中央経済社，2000年
『会計制度（五訂版）』同文舘出版，2011年
『エッセンシャル財務会計（第4版）』（共著），中央経済社，2021年

エッセンシャル連結会計（第2版）

2017年6月15日　第1版第1刷発行	
2020年1月30日　第1版第2刷発行	
2021年3月20日　第2版第1刷発行	
2023年5月30日　第2版第3刷発行	

著　者　山　地　範　明
発行者　山　本　　　継
発行所　㈱中央経済社
発売元　㈱中央経済グループ
　　　　パブリッシング

〒101-0051　東京都千代田区神田神保町1-35
電話　03（3293）3371（編集代表）
　　　03（3293）3381（営業代表）
https://www.chuokeizai.co.jp

印刷／三英印刷㈱
製本／誠製本㈱

© 2021
Printed in Japan

ISBN978-4-502-38651-0　C3034

＊頁の「欠落」や「順序違い」などがありましたらお取り替えいた
　しますので発売元までご送付ください。（送料小社負担）